나를 아는 만큼
내가 있다.

이 해
"우리말 우리글로 쓰다"

글 집 터

나는 사라져도 나는 없어지지 않는다.

나타난 나는 끝이 있으나 나타날 나는 끝이 없다.
열린 나는 끝이 있으나 열릴 나는 끝이 없다.
참은 끝없이 참을 연다.
나는 때없이(영원) 나로 나타난다.
나는 때없는 나다.
나는 끝있음으로 이루어진다.
끝없고 때없는 나는 나가 아닌 나며 나가 없는 나다.
나를 이룬 나는 나를 살다가 돌아간다.
나의 이룸은 끝이 있으나 나의 열림은 끝이 없다.

(26쪽에서)

나는 끝없이(무한) 나로 열린다.
나의 열림도 이룸도 끝이 없다.
나가 열어 가는 마음의 누리도 끝없이 펼쳐진다.
바뀌고 새로워지며 나아가고 이어진다.
나는 대나무 숲을 찌르는 빛처럼 열린다.
나는 땅의 돌아감을 따라 끊임없이 펼쳐지는
해오름과 해질녘처럼 이어진다.

(63쪽에서)

마음을 채운 하늘이 마음이고 하늘로 열린 마음은 하늘이다.
마음속의 하늘에서 마음은 떠나지 못한다.
마음을 채우고 하늘이 살고 있다.
하늘의 마음으로 하늘을 살고 있다.
마음에 가득한 하늘이 나의 삶이며
하늘에 가득한 나는 온울의 삶이다.
하늘로 열린 나에서 나는 떠나지 못한다.

(287쪽에서)

마음은 어둠 속에 떠오르는 달이다.
달은 어둠 속에 깨어있는 마음이다.
참에서 나와 고요히 참을 바라본다.
빛이 없어도 빛을 비추고 얼이 없어도 얼을 연다.
마음이 없어도 마음이 된다.
달은 빈울의 마음을 비추고 있다.
빈울이 달빛에 실려 있다.
달의 마음에서 마음을 받은 나는 마음에 달의 마음이 서린다.

(83쪽에서)

나를 아는 만큼 내가 있다.

글 줄

1 나의 빛으로 어둠이 있다   21

빛의 밖은 어둠이다   22
나의 나는 끝이 있고 나는 끝이 없다   26
온울의 온나는 빈울로 열려 있다   28
여기의 나는 끝없는 나를 가리킨다   32
땅의 하늘은 땅의 마음이다   36
하늘과 땅과 나는 한누리로   38
하늘과 땅은 끝없는 뫼들물로   41
나만의 나는 없다   44
나는 사라져도 나는 없어지지 않는다   48
나를 아는 만큼 내가 있다   51
온누리의 나는 하늘로 열린 하늘이다   56
나가 온 곳이 나가 돌아 갈 곳이다   58
나는 왜 나인가?   61

2 나는 마음으로 살고 있다   65

빛과 어둠이 마음이다	66
마음은 보이지 않는 온울이니	69
별은 빈울의 마음이다	74
하늘은 마음으로 열린 마음이다	77
하늘은 땅의 이룸이니	80
온누리는 나가 이루는 마음이니	84
마음으로 보이는 있음은 마음의 이룸으로	87
서로 다른 나는 하나의 나다	92
빛은 깨여 있는 마음이다	97
마음은 앎의 빛이다	100
하나인 마음을 앎으로 온누리의 마음을 만난다	103
온울의 빈울은 온나의 마음으로 보인다	107

3 스스로 태어나는 목숨은 없다   111

목숨을 앎으로 나를 연다	112
목숨은 한나다	115
나의 밝음과 어둠은 목숨의 앎에 있다	119
뫼들물의 숨결은 나의 숨이다	122
마음의 빛은 앎이다	125
있음의 목숨은 목숨의 있음이다	128
온누리는 목숨의 바다다	133
온울은 하늘로 별과 땅의 목숨을 품고 있다	137
목숨은 마음의 모습이다	142
목숨은 온울의 때없음 끝없음이다	146
목숨은 내가 만나는 온울이다	149
온울은 참온과 한온의 삶이다	152
목숨은 끝없이 보이지 않는 끝없음이다	154

4 나는 있음이며 없음이다   157

나의 처음이 있음이다	158
열림과 닫힘은 있음과 없음이다	160
있음 밖에 있음이 있다	164
있음은 목숨의 있음이다	167
별들의 있음과 없음이 나를 보여준다	170
있음은 때없음 끝없음 속에 있다	174
빈울은 있음의 참이다	177
온울의 마음은 빈울로 열려있다	181
온누리로 온울의 참을 쓴다	184
보이지 않는 있음이 마음으로 열린다	186
빈울로 열린 있음은 빈울로 돌아간다	190
온울의 나를 뫼들물로 만난다	193
나 밖의 뫼들물이 나 속의 뫼들물이다	196
보이지 않는 나가 있음으로 보인다	200

5 누리는 나의 처음과 끝이다   203

누리는 나와 하나로 열려있는 나다	204
빛의 열림이 누리다	207
누리는 있음과 목숨에게 열려있는 온울이다	211
나의 누리로 온울이 열려있다	216
사람이 있음은 온울 속에 사람의 누리가 있음이다	219
햇빛은 나의 참을 보여준다	223
누리의 글은 참으로 써진다	226
별은 외로운 있음으로	232
온누리는 나의 바다로	236
참이 열려 나의 참을 만난다	239
삶은 참고 이겨나가는 길이며	243
보이는 누리 속에는 보이지 않는 누리가 있다	247
때없음을 앎으로 때없음에 하나된다	250

6 때없는 고요와 어둠은 끝없는 빈울의 있음이다   255

빈울은 그지없는 어둠이나 그지없는 맑음으로 열려있다   256
빈울은 별이 되어 빈울이 된다   259
빛과 어둠은 온울의 삶이다   261
열리지 않는 어둠은 열리지 않는 마음이다   264
하늘의 마음은 땅의 나로 태여난다   267
하늘은 뜻을 열고 땅은 글을 연다   269
마음은 목숨의 스스로움이다   272
뫼들물은 하늘과 땅의 삶이다   275
뫼들물은 나의 온울이다   280
하늘과 땅이 나가 되어 나는 하늘과 땅이 된다   284
하늘의 한울은 나의 울로   289
나의 하늘을 만나면 나의 온울을 만난다   292

7 온울은 있음과 없음이다   295

온울로 있음과 없음이 있다	296
별에 빈울이 들어있고 빈울에 별이 들어 있다	301
땅에는 달이 있다	305
온울의 열림은 사랑의 열림이다	309
사람은 사람의 온울로 있다	312
온누리는 나의 길이다	315
나의 참은 목숨이니	319
나는 앎의 열림이며	323
온울은 나의 울을 보여준다	326
참은 만들어지지 않는다	329
빛의 있음은 어둠의 있음이다	332
있음은 끝없음으로 사라진다	334

풀섶 하늘이 높다.
풀이 우거진 사이로 하늘은 더욱 멀다.
풀 빛깔 사이 하늘은 파랗다.
바람이 불 때마다 흔들리는 풀대들 속에 숨어든 하늘이
이리저리 움직인다.
풀섶에 하늘은 작은 벌레들의 누리다.
작은 목숨들에게 구름이 떠다니는 높은 하늘은
너무 멀어 아득히 보이지 않는다.

물속의 하늘은 깊다.
흰 뫼가 비치는 물 속에 하늘이 내려와 쉰다.
물에는 하늘과 땅이 들어 있다.
하늘과 땅은 물에서 하나가 되었다.
깊은 물 속에 하늘은 검푸르고
흰구름 뭉치들이 여러 가지 모습으로 떠있다.
물 속에 비친 하늘이 물빛과 만나 더욱 그윽하다.

(278쪽에서)

지 은 말

온울	(우주)
뫼들물	(자연)
빈울	(진공)
끝없음	(무한)
때없음	(영원)
한때	(순간)
스스로움	(자유)
셈	(수)
앞날	(미래)

1

나의 빛으로 어둠이 있다.

빛의 밖은 어둠이다.

빛의 참은 나의 빛이니 빛과 나는 하나로 열려 하나를 이루는
참이다.
빛으로 열린 나는 참의 있음이며 나로 열리는 빛은 참의
이룸이다.
참은 빛의 참이며 빛은 나의 길이다.

빛은 마음에 빛이 된다. 빛은 나를 이루고 마음의 빛을 연다.
빛은 나의 있음이며 나는 빛의 목숨이다.
보이는 빛 뒤에는 보이지 않는 나가 있다.
빛이 어둠에서 열리듯이 나는 빈에서 열린다.
나는 빛으로 열린 빛의 삶이며 빛은 나로 있는 나의 삶이다.
빛과 나는 하나의 삶이다.

참의 처음은 참이 없어 참이 아닌 참이며
참이 아직 열리지 않은 참이다.
참은 열림으로 참이 된다. 이룸의 열림이며 있음의 열림이다.
목숨의 열림이다. 온울(우주)의 열림으로 나의 열림이다.

나의 처음은 나가 아니다. 나가 아닌 나는 참의 나다.
참이 아닌 참과 나가 아닌 나는 하나다.
열림이며 목숨인 참의 나는 마음으로 나가 된다. 나를 이루는 나의 있음은 마음이다.
나가 아닌 처음의 나는 온울(우주)의 처음이며 빈울의 처음으로 참이 처음이다.
처음의 나는 처음의 참과 하나로
참도 참이 아니고 나도 나가 아닌 참나다.

나의 참은 참의 나다. 참의 나로 참이 있다.
참의 나로 나가 있다. 참으로 열리는 나는 참을 여는 나다.
참은 나를 여는 나며 나는 참을 여는 참이다.
나의 참으로 참이 있다. 참의 나는 나의 참이다.

참은 나를 이루는 길이다. 나를 연 참이 나를 이루고 있다.
참을 연 나가 참을 이루고 있다.
참으로 나의 목숨과 있음이 열린다.
참은 나의 깨어남이니 깨어나는 참이 나를 연다.
나는 참의 깨여남이다.
참은 나로 참을 이루고 나는 참으로 나를 이룬다.
참은 나로 참을 알고 나는 참으로 나를 안다.
참은 나를 이루고 있는 나다.
나는 참을 이루는 길이다. 나의 열림도 있음도 모두 참이다.
나는 참을 벗어날 수 없는 참이다. 참이 아닌 나는 없다.
나는 나를 벗어날 수 없는 나다.
참을 벗어난 나는 나가 아니다. 나를 벗어난 나는 없다.
나의 목숨과 삶은 참의 이룸이다.
나는 참과 하나로 열려있는 하나다.

열림인 나로 열림이 있다. 나의 열림으로 있음이 있다.
나는 열림이며 열림은 나의 깨어남이다.
참과 목숨의 열림이 모두 나의 열림이다.
온울(우주) 온누리는 나로 열린 누리다. 나는 열림의 참이다.

나의 열림은 삶이다.
나는 참과 목숨과 하나로 열리는 삶의 마음이다.
나는 삶으로 열리는 앎이며 앎은 나로 열리는 삶이다.
나의 열림은 마음의 삶이며 앎의 있음이다.
나는 참의 삶으로 참의 있음이다.

앎은 나의 빛이다.
어둠에서 열린 어둠의 빛은 어둠을 밝혀준다.
나로 열린 앎은 모름의 어둠을 비쳐 준다.
나의 있음인 삶은 앎을 이루는 빛이다.
나의 마음의 빛은 온울 빛으로 열린 빛의 이룸이다.

나를 깨달음으로 나는 내가 된다.
나가 열리면 앎의 길로 내가 된다.
앎은 나의 이룸이다. 나를 앎으로 앎의 나는 이룩된다.
나를 모르면 앎의 나는 열리지 못한다.
나의 나를 찾을 수 없고 이룰 수 없다.
나를 모르면 앎의 빛이 없다.

내가 열려야 모두 열리며 나를 닫으면 모두 닫힌다.
스스로 연 나는 참의 열림이며
스스로 열어가는 나는 참의 길이다.
참의 나는 스스로 열어가는 나의 열림으로 이룩된다.

나의 참은 앎의 길로 삶을 이룬다.
나의 삶은 참의 삶이며 앎의 길이다.
앎은 온울(우주)의 앎이며 있음의 앎이며 목숨의 앎이다.
삶과 앎은 참나를 이루는 길이다.

나의 나는 끝이 있고
   나는 끝이 없다.

나타난 나는 끝이 있으나 나타날 나는 끝이 없다.
열린 나는 끝이 있으나 열릴 나는 끝이 없다.
참은 끝없이 참을 연다.
나는 때없이(영원) 나로 나타난다. 나는 때없는 나다.
나는 끝있음으로 이루어진다.
끝없고 때없는 나는 나가 아닌 나며 나가 없는 나다.
나를 이룬 나는 나를 살다가 돌아간다.
나의 이룸은 끝이 있으나 나의 열림은 끝이 없다.

나는 온울(우주)의 처음이다.
처음 열리는 온울은 나의 처음이며
처음 열리는 나는 온울의 처음이다.
온울은 온나의 나며 나는 온나의 온울이다.
나는 보이지 않는 온울이며 온울은 보이는 나다.
온울은 나의 처음이다.

온울(우주)은 온나로 온울은 하나의 나다.
온울이 아닌 나가 없다.
나와 온울은 하나의 목숨과 있음으로
끝없이 작은 나는 끝없이 큰 나와 하나며
아주 짧은 한때의 나는 때를 뛰어넘은 나와 하나다.
끊임없이 나타나고 사라지는 나는 온나를 이루고 있다.

별은 나의 별이니 별은 빈울로 열린 나의 있음이다.
온울(우주)에서 열린 나의 별이다.
별은 나의 있음이며 마음의 있음이다.
별의 나를 여는 빈울은 온울의 온나다.
온나로 열려있는 빈울이다.
별의 태어남은 나의 목숨으로 나의 있음이 별이 된다.

나는 온울(우주)의 삶이다. 온울 삶으로 나의 삶이 있다.
온울 속 하나하나 저마다의 삶으로 온울은 이루어진다.
하나하나의 나로 온울은 살아있다.
하나하나의 나로 온나는 열려있다.
나의 이룸이 온울 이룸이며 나의 마음이 온울 마음이다.
나는 온울의 삶속에 있고 온울은 나의 삶속에 있다.

온울(우주)의 온나는
빈울로 열려 있다.

나는 빈울의 열림이며 빈울의 마음이다.
있음이 빈울로 열리듯이 나의 마음도 빈울로 열린다.
빈울은 나의 빈울이니 나는 보이지 않는 빈울이다.
마음의 빈은 빈울의 빈 이다.
마음의 빈은 온나에서 나를 이루는 나의 빈이다.

빈울은 별의 나로 끝없이 열리고 사라진다.
별의 있음과 목숨은 마음과 하나로 열리고 사라진다.
빈울에서 열리는 별은 온울(우주)의 온나며
빈울이 열은 별의 나는 빈울의 나로 빈울의 있음에 모습이다.
온누리 뫼들물(자연)의 있음 목숨은 빈울에서 열린 빈울
모습이다. 빈울의 있음과 목숨이다.
온누리는 빈울의 이룸이다.
빈울은 끊임없이 별이 되어 온나로 태어나고 사라지며
온울(우주)을 이룬다.

나는 빈울의 나로 열려 있다.
빈울에서 나는 빈울로 열려 있다.
빈울은 나의 빈울로 열려 있다.
나의 있음도 목숨도 빈울로 있는 온울(우주)이다.
온울의 나는 빈울로 있다.
나를 이루는 마음이 빈울로 열려 있다.
빈은 나의 마음을 연 마음 있음이다.
빈울은 온나로 열린 온울 마음으로 모든 나는 빈울의 온나
속에 있다. 빈울의 빈은 모든 나의 마음으로 열려 있다.

빈울은 별의 마음이다.
빈울이 이룬 별 마음이 빈울로 열려 있다.
별은 빈울이 이룬 빈울로 별 마음은 빈울 마음이다.
별을 이루는 빈울은 별의 나를 이뤄 별 마음으로 열린다.
온나인 빈울은 별의 나가 되어 마음의 빈을 열고 마음이
된다. 빈은 나의 마음에 열려 울의 있음을 품고 있다.

온나의 빈울이 하늘에 열려있다.
빈울이 별이 되어 하늘로 품고 있다.
별의 하늘은 나의 하늘이며 나의 하늘은 온울(우주)의 온나에
닿아 있어 하늘의 온나가 온누리 나로 열려 있다.
마음 속 빈으로 마음으로 살고 있다.
하늘의 빈이 마음 속에 열려 있다.
빈울은 온누리 뫼들물(자연)이 되어 온나의 마음을 이루고 있다.

빈울은 나의 끝없는 열림으로 별의 나가 되고
별과 땅의 온누리 있음과 목숨의 나를 연다.
빈울은 나를 이루는 끝없는 마음이다.

나의 마음 속에 끝없이 열려있다.
나는 빈울에서 열려 빈울 속에 있다.
빈울은 나의 뿌리로 열려있다.
끊임없이 나타나고 사라지는 별의 나와 별의 온누리로 열리는
저마다의 나로 끝없이 열리고 닫힌다.
뫼들물(자연)에게 열려있는 빈울은 나의 마음에 빈이되어
마음으로 살고 있다.

내가 있는 것은 온울(우주)이 있기 때문이다.
나의 온울로 내가 있다. 온울의 나로 내가 있다.
온울은 나의 참이니 나와 온울은 하나다.
하나의 바탕이며 하나의 뿌리다.
온울로 나는 나를 이룬다.
온울은 나를 이루고 나는 온울을 이룬다.
온울의 나를 앎으로 나를 깨닫는다.
나의 나를 앎으로 온울을 깨닫는다.
나를 열면 온울이 있고 온울을 열면 나가 있다.

온울(우주)은 나의 집이다.
온울은 나의 돌과 흙으로 지은 집이니
온울은 나의 있음이며 모습이다.
나의 바탕과 뿌리로 이루어진 집이다.
온울은 나의 삶으로 열려 있는 나의 누리다.
보이는 온울의 모습 뒤에는 보이지 않는 온나가 있고
나타난 나의 있음 뒤에는 끝없는 온울의 이룸이 숨겨져 있다.

나는 온울(우주)의 있음과 하나다. 온울의 목숨과 하나다.
있음으로 하나며 목숨으로 하나다.
나는 온울이 이룬 뫼들물이다.
나의 있음 속에는 온울 있음이 들어 있고 온울 있음 속에는
나의 있음이 모두 들어있다.
온울 목숨으로 나의 목숨이 열려 있고
나의 목숨에는 온울 목숨이 그대로 담겨있다.
보이는 것만 다를 뿐 바탕과 뿌리는 하나다.

여기의 나는 끝없는 나를 가리킨다.

나는 나 아닌 나에서 나의 있음을 이루고
나 아닌 끝없는 나로 돌아간다.
온울(우주)의 온나로 있음과 없음이 거듭됨에도
사라지지 않는 끝없음 속의 나다.
여기의 나의 있음은 끝없는 나의 열림과 있음을 말해준다.

이때의 나는 때없는(영원) 나를 알려준다.
나의 때를 벗어남을 열어준다.
나타나고 사라짐이 멈춰도 없어지지 않는 때없는 나를 열어준다.
이때의 나는 때없는 나의 나타남이며 때없는 나로 돌아감을
알려준다.
이때 여기의 나는 때없음 속에서 언제라도 이어져 새롭게
나타날 수 있음을 말해준다.

처음도 끝도 없다.
나의 열림이 끝이없어(무한) 나의 바뀜과 새로움도 끝이 없다.
끝없고(무한) 때없는(영원) 열림으로 나의 다름도 끝이 없다.
때와 울의 나는 때없음과 끝없음 속에서 나타나고 사라진다.
나의 나타나고 사라짐이 온울(우주)의 있음이며
바뀜과 새로움이 온울의 이어짐이다.

나는 하늘 땅으로 열려 있다.
온울(우주)이 하늘 땅으로 나에 와 있다.
빈울로 별이 되고 땅이 되어 하늘로 열려 있다.
나는 하늘에서 온 나를 만난다.
하늘은 온나로 열린 마음이다.
별의 나 땅의 나가 온나로 열려 있다.
별과 땅위 온누리 마음이 하늘에 하나로 열려 있다.

나의 하늘은 하늘의 나다. 하나의 열림이다.
하나의 누리로 열린 하나의 이룸이다.
열림으로 나를 이루는 하늘은 별을 이루고 땅과 뫼들물을
이룬 온울(우주)의 빈울이다.
온울의 온나는 빈울로 나의 하늘을 이룬다.

하늘이 없는 나는 없다. 하늘이 없이는 누리가 없다.
하늘과 하나로 열린 빈울로 마음이 열려 있다.
마음속의 빈울이 하늘의 누리다.
나의 하늘로 하늘의 나가 열린다.
모든 나는 나의 하늘로 열려 있다.
하늘의 빈이 마음의 빈이 된다.
마음의 빈에 하늘이 담겨 있다.

여기의 나는 끝없는 나를 가리킨다

하늘은 나의 있음이다.
빈울로 열린 하늘이 별과 땅의 마음을 이루고 있다.
하늘이 있이 내가 있다.
하늘은 온울의 온나로 열린 빈울의 있음이며 마음이다.
하늘에서 온나와 뫼들물의 나가 하나의 마음으로 열려있다.

하늘은 때없는(영원) 나다.
하늘은 때없이 나로 열리고 나도 때없이 하늘로 열린다.
나의 열림과 하늘의 열림은 때가 있으나
열림의 참으로서 하나의 열림인 하늘의 나는 때가 없다.
나의 빈은 하늘 빈이며 하늘을 연 빈울 빈이다.
하늘은 나의 때없음을 열어준다.
하늘에서 나는 때없음에 열려있다.

하늘에서 열린 마음은 하늘 마음이다.
나를 이루는 마음은 하늘의 마음이다.
마음의 바다는 하늘 바다에 이른다.
푸른 마음의 바다가 파란 하늘에 맞 닿았다.
나는 나에 갇히더라도 하늘이 열고 있고
나는 나만 믿고 있어도 하늘의 믿음 속에 있다.
나는 하늘 열린 마음이다. 하늘과 하나인 마음이다.

마음 속 하늘은 하늘의 마음이다.
마음속에 하늘에서 하늘 마음이 보인다.
아주 짧게 조금이나마 하늘 마음을 안다.
그때마다 깨닫지 못하면 알지 못한다.
나의 마음 속 소용돌이에 휩쓸려 휘둘리느라
깨닫지 못하여 알기 힘들다.
하늘 마음은 하늘처럼 넓고 깊다.
눈 앞의 빈으로 그지없이 맑다.

하늘은 온누리의 나다. 온누리 나는 하늘의 빈으로 열려있다.
나는 하늘의 빈이다. 하늘 빈은 나의 마음을 열고 있다.
내 마음에 빈은 하늘의 빈이다.
온누리 마음이 하늘로 열려 하늘을 이루고 있다.
하늘로 열린 온누리 나는 온나의 이룸이다.
저마다의 나와 온누리 모든 나와 하늘의 나는
모두 온울 온나의 이룸이다.

땅의 하늘은 땅의 마음이다.

하늘과 땅이 나의 마음을 이루고 있다.
땅을 품은 하늘은 땅과 하나가 되어 땅의 마음으로 땅을 이룬다.
땅을 이루는 땅 마음이 하늘과 하나로 열려 있다.
별의 하늘은 별 마음이 되고 달의 하늘은 달 마음이 된다.

나는 하늘과 땅에 한마음이다.
하늘과 땅이 나의 마음을 이루고 있다.
별들은 온울의 빈울에 있음이다.
빈울의 별들은 온울 온나의 마음이다.
빈울은 하늘과 땅에 있음을 이루고 온누리 마음으로 열린다.
온누리는 하나의 있음 목숨으로 한마음이다.

땅은 끝없는 마음이다.
땅의 마음은 뫼들물(자연)로 끝없이 펼쳐지며 온누리를 이룬다.
땅에서 열리는 모든 있음 목숨은 땅의 마음을 이루고 있다.
뫼들물은 마음을 이루는 마음의 삶이다.
나를 이루는 끝없는 땅의 마음이다.
땅 마음의 바다에서 끝없는 나의 마음이 살고 있다.

내가 열릴 때 하늘과 땅이 다가온다.
나에 막힌 나를 열면 하늘이 들어오고
흐린 마음을 비우면 땅이 다가온다.
나를 비울 때 하늘에 하나 되고
마음을 비울 때 땅에 하나된다.
나는 하늘과 땅으로 살고 있는 마음이다.

땅의 있음은 나를 보여준다.
온누리 뫼들물(자연)들의 나는 땅의 나에서 끝없이 나타나고 사라진다.
빈울 속에서 땅은 나의 있음을 새겨준다.
온나의 나로 열린 땅은 끊임없이 나를 이루고 있다.
빈울 속에 땅의 모습은 나의 마음으로 보인다.

땅의 목숨은 땅의 마음을 열어준다.
땅에서 태어난 목숨들의 마음으로 열린다.
목숨으로 보이는 땅은 마음의 누리로 보인다.
하나의 목숨이 하나의 마음으로 보인다.
어두운 빈울은 푸른 땅으로 목숨의 마음을 새겨준다.
땅은 목숨의 파란 마음으로 열려 있다.
온누리의 뫼들물은 땅의 마음을 살고 있다.

하늘과 땅과 나는 한누리로

하늘 땅이 나를 이루고 나로 살고 있다.
나는 하늘과 땅의 나다.
하늘 땅의 삶이 나의 삶에 이르고 있다.
땅의 온누리에 하늘이 들어 있어
땅을 품고 있는 하늘에는 땅의 모든 것이 들어 있다.
한누리는 한마음으로 나의 마음은 하늘과 땅으로 열려 있다.

별과 땅은 끝없는(무한) 나의 누리니
누리는 별과 땅의 나로 열려 있다.
별과 땅의 누리는 별과 땅의 삶이다.
온울(우주)의 빈울은 별의 누리가 되고
별과 땅은 온누리 뫼들물(자연)의 누리가 된다.
빈울에서 열리는 별들의 끝없는 누리가 온울을 이루고 있다.
별과 땅은 온나의 마음이다.

온나의 이룸이 온누리로 온누리는 온나인 온울이 이루는
마음이다. 끊임없이 나타나고 사라지는 온누리는 온나의
있음이며 목숨이다.
온울의 모습은 온나의 있음이며 마음이다.
온울 온나는 온누리의 삶으로 살고 있다. 보이지 않는 온나는
온울 온누리의 있음과 목숨으로 나타난다.

누리 속의 나는 누리다. 나는 누리로 열려 있는 누리다.
나는 누리의 삶 속에 있는 삶이다.
누리는 나의 목숨이며 있음이다.
온누리는 나의 모습으로 보이는 있음의 나다.
온나의 마음에 있음이며 모습이다.
나는 누리가 열고 있는 누리의 나다.

모습은 나의 마음이다.
나는 온누리의 모습이며 온누리는 나의 모습이다.
나의 참으로 열리는 온누리는
나의 마음을 이루어 모습이 있고 모습속에는 마음이 있다.
나의 이룸의 있음은 마음과 모습이 하나로 이루어진다.
모습을 만드는 보이지 않는 있음의 움직임은
마음과 하나의 있음이다.

누리는 들숨날숨이다.
살아흐르는 누리는 굽이치는 물길과 같다.
온울의 삶숨으로 온누리가 열려 있다.
들숨과 날숨의 삶숨이 온누리다.
날숨으로 들숨이 있고 들숨에 날숨이 있다.
날숨만 쉴 수 없고 들숨만 쉴 수 없다.

온나의 삶숨이 누리다.
누리는 나의 삶이며 나는 누리의 삶이다.
누리는 나를 이루고 나로 살고 있다.
나는 누리를 열고 누리를 살고 있다.
나의 마음으로 열린 나의 누리다.
온울을 이루고 온울을 살고 있는 온나의 삶숨이다.

내가 열려야 모든 것이 열리니 나의 열림은 앎의 열림이다.
열리지 않은 나는 어둠인지 알지 못하는 어둠이다.
빛과 어둠에서 참이 드러나듯이 나의 열림으로 내가
이룩된다.
내가 열리지 못하면 끝없는 모름이 가득한 끝없는 어둠에서
빛이 열리지 않는다.

나는 온누리의 열쇠며 온누리는 나의 열쇠다.
하나는 보이는 나며 또 하나는 보이지 않는 나다.
온누리는 나의 그림자와도 같으니 온누리를 열고 이루고 있는
나의 그림자다.
나에게 있는 나의 열쇠를 열 때 온누리가 열리고
나도 열린다.

온누리는 온울의 열쇠다. 온누리에 온울이 들어 있다.
온울이 온누리에 열려 있다.
온울의 참으로 온누리가 열려 끊임없이 나타나고 사라지고
바뀌고 새로워지면서 온울의 삶이 나아가고 있다.
온누리는 온울이 살고 있는 온울이다.

나의 물음은 온울의 물음이다.
나의 앎은 온울의 앎에서 열리는 앎으로
끝없는 온울의 물음 속에 나의 물음이 들어있다.
온울의 물음이 끝이 없어 나의 물음도 끝이 없다.
온울의 앎 속에 열려 있는 나의 앎은
온울의 참을 이루는 온울의 길이다.

하늘과 땅은
끝없는(무한)뫼들물(자연)로

뫼들물은 끊임없이 하늘과 땅으로 열린다.
별과 땅은 뫼들물을 낳고 뫼들물은 끝없는 나의 마음을
낳는다. 나로 열린 하늘과 땅이 나를 열어준다.
뫼들물은 나의 이룸이며 나는 뫼들물의 이룸이다.
하나로 열린 하나의 이룸이다.

나의 있음이 뫼들물(자연)이며 나의 모습이 뫼들물이다.
뫼들물로 나의 모습이 나타난다.
온나의 있음과 모습이 뫼들물로 드러난다.
뫼들물은 나와 하나로 열리고 닫히는 하나의 목숨이다.
나의 마음도 뫼들물이며 뫼들물의 마음도 나다.

뫼들물(자연)은 마음의 있음이다. 나의 마음은 뫼들물로
끝없이 열려 있다. 온울의 온나는 뫼들물을 이루고 뫼들물로
살고 있다. 나의 마음은 뫼들물을 이루는 뫼들물 누리다.
마음은 뫼들물과 하나로 열려 있는 하나다.
뫼들물은 마음으로 열린 마음의 모습이다.

참이 뫼들물(자연)로 쓰여진다.
별과 땅의 참이 뫼들물로 열린다.
뫼들물은 참의 삶이며 이룸이다.
참의 열림과 이룸이 뫼들물이다.
뫼들물의 열림이 참이며 이룸이 참이다.
참의 삶이 뫼들물이다.
뫼들물의 열림과 흐름은 온울의 참을 이루고 있다.

뫼들물(자연)의 참은 사랑이다.
뫼들물을 이루는 참은 사랑과 하나로 열리는 하나다.
참의 길이 사랑이며 사랑의 길이 참이다.
사랑이 없이는 참이 없다. 참이 없는 사랑은 없다.
뫼들물은 참의 사랑으로 열린 사랑의 이룸이다.
뫼들물은 온울(우주)의 참이며 사랑이다.

온울(우주)은 사랑의 있음이다.
온울의 열림은 사랑의 열림이다. 열림의 뿌리는 사랑이다.
나의 열림의 바탕은 사랑이다.
온울의 있음은 사랑의 있음이다.
사랑의 참으로 있음이 열려 사랑의 목숨이 온울을 이루고 있다.
온울에서 열리는 뫼들물의 사랑에 참이 온울의 사랑을
보여준다.
사랑이 없는 뫼들물이 없으며 목숨과 있음이 없다.

사랑이 없는 나는 없으니 참과 하나인 나는 사랑의 열림이다.
나의 참은 사랑의 참으로 사랑으로 열린 있음이며 목숨이다.
참을 이루는 나는 사랑으로 이루는 나다.
사랑을 앎으로 나의 참을 알게 된다.

뫼들물(자연)의 앞날이 나의 앞날이다.
나는 뫼들물로 열려 있는 뫼들물로
나의 있음과 목숨의 이룸은 뫼들물의 이룸이다.
뫼들물은 나의 삶이다.
나의 참을 이루고 길을 여는 뫼들물은 나의 앞날이다.
나의 앞날은 뫼들물과 하나로 열 때만 열린다.
나는 뫼들물의 앞날이다.
내가 이루는 앞날은 모두 뫼들물의 누리다.

사람의 앞날은 온울(우주)의 삶이다.
사람은 뫼들물이 이룬 뫼들물(자연)로
뫼들물의 끝없는 이룸 속에 사람이 있다.
사람의 마음과 앎도 뫼들물의 이룸이다.
사람의 바뀜도 뫼들물의 바뀜이다.
사람은 뫼들물의 흐름속에서 온울의 목숨을 이루는 삶이다.
온울의 앞날에 하나로 열려 있는 온울의 사람이다.

나의 앞날은 참속에 열려있다.
나의 참은 온울로 열려있고 참을 벗어난 앞날은 없다.
나의 앞날은 온울의 참뿐이다.
나도 앞날도 참이며 참의 열림과 이룸의 길 위에 있을 뿐이다.
때없고 끝없는 참에서 열린 나는 참을 이루는 길이다.

나만의 나는 없다.

나는 온울 온누리로 열린 온나 속에 나다.
온나는 참나 속에 있으며 참나는 때없음(영원) 끝없음(무한)
이다.
나만의 누리 나만의 온울은 없다. 온나는 온 우리다.
온우리는 참나로 하나다. 나는 온누리의 나 속에 있다.
나는 별의 나로 열려 있다.
별의 나는 별에서 열리고 땅의 나는 땅으로 열린다.
나는 별의 나로 땅의 나를 이루고 있다.

나로 열린 빈울이 나를 보여주니
하나의 나에서 나를 볼 수 있다.
온나의 빈울이 별들의 나를 열어주고 보여준다.
별들이 빈울의 나로 열려있다.
빈울에 비치는 나를 볼 수 있다.
빈울 속에 있는 나는 빈울과 하나로 나는 하나의 누리로
나를 본다. 빈울이 나를 열고 나를 본다.
온나의 나가 되어 나를 안다.
빈울이 빈울을 보며 온나가 온나를 깨닫는다.

나는 나를 빈울로 깨닫는다. 빈울이 나를 비추는 거울이
된다. 나는 늘 빈울의 빈으로 열려있다. 나의 앎은 빈울
속에서 열린다. 바탕과 뿌리인 빈울에서 앎이 열린다.
마음의 빈울로 깨달음이 열린다. 마음을 연 빈은 앎이
열리는 울이다. 마음속 빈이 나의 거울이다.

나는 뫼들물에 맺히는 물방울과 같다. 물은 목숨처럼
나타난다. 나의 참은 물처럼 맺히고 흐른다.
물은 참으로 나타나고 참을 따라 사라진다. 나는 참의 물로
있는 목숨의 있음이다. 목숨의 온울은 목숨의 물을 만든다.
나는 참과 하나로 물처럼 열리고 이룩된다.

빈울 속에 별같이 나는 태어나고 사라진다. 빈울의 별같이
나는 빈울의 끝없는 나다. 빈울로 열리고 빈울로 살고 있다.
빈울의 나로 살고 있다.
온울에 태어나고 사라지는 참은 모두 같다.
온울과 별이 다르지 않고 별 속에 있음과 목숨이
다르지 않다. 빈울은 별이 되어 뫼들물을 열고 뫼들물의
마음으로 열려 있다.

마음의 나만 나가 아니다. 마음의 나는 온누리의 나다.
온누리를 이루고 흐르는 나다. 온누리의 있음으로 나가 있다.
뫼들물의 목숨으로 나가 있다. 온울의 있음과 목숨이 나를
이루는 마음이다. 나는 온울의 목숨과 있음을 하나로 이루고
있다. 온울은 온나와 하나로 열려 있다.
온누리와 나는 하나로 열려 하나를 이루고 있다.
하나의 온울을 이루어 가고 있다.

나는 모든 열림의 첫 걸음이다.
나가 열려야 온누리가 열린다.
온울의 열림이 나의 열림이니 별의 열림도 나의 열림이며
빈울의 열림 하늘의 열림도 나의 열림이다.
온누리에 나가 아닌 것은 없으며 나를 벗어난 있음과
목숨은 없다.
나의 열림이 아니면 나의 온누리는 열리지 않는다.

열림은 나의 참이며 길이니 마음의 열림이며 이룸이다.
나는 열림으로 나타난 있음이며 목숨이다.
나는 열린 마음의 앎으로 온울의 끝없는 열림 속에 있다.
어둠에서 빛이 열림이며 없음에서 있음이 열림이다.

온울의 열림이 나의 삶으로 열림은 나며 나는 열림이다.
나는 온울의 삶이며 온울의 이룸이다.
나는 온울의 끝없는 열림이다. 온울은 끝없는 나의 열림이다.
하나하나의 나의 열림과 사라짐으로 온울이 있다.
나의 삶은 온울의 열림이다.

열림은 때없음(영원)과 끝없음(무한) 속에 있다.
때와 울은 나의 열림으로 때와 울의 열림과 닫힘은
때없이 끝없이 이어진다.
한 때와 울의 열림과 닫힘은 때없음과 끝없음을 열며
때와 울의 때없고 끝없는 열림과 사라짐을 알려 준다.
때없음과 끝없음이 있음과 목숨인 나의 거울 속에 비친다.
때없음과 끝없음이 때와 울로 닿아 있다.
있음과 없음 앞에 열려 있다.

나의 울 밖에 때없는(영원) 나가 열려 있다.
때를 넘어선 나는 나타나지 않는다.
나가 없는 나며 나가 아닌 나로 때울의 나로는 알 수 없는 나다.
때없이 만날 수도 닿을 수도 없다.
열린 나 태어난 나는 때없는 나를 벗어난 나다.
있음의 나는 한때(순간)의 나로 사라질 나다.

끝없는(무한) 나는 나에 들어 있으며
나는 나의 속에서 끝없이 열리며 사라진다.
바뀜으로 다름으로 새롭게 열린다.
나는 나의 누리의 열림으로 사라지며
나의 누리에 있음으로 없어진다.
누리의 이룸에서 바뀌게 되며 퍼짐으로서 다르게 새로워진다.

나는 사라져도
나는 없어지지 않는다.

때울(시공)의 나는 별과 같으니 별은 사라져도 별의 바탕과 뿌리의 때없음(영원) 끝없음(무한)은 없어지지 않는다. 나타난 별은 사라져도 별의 때없음 끝없음은 없어지지 않는다. 나타난 나는 때없는 나에 있고 열린 나는 끝없는 나에 있음을 알려준다. 빈울은 별의 때없음과 끝없음에 열려 있다.

참은 사라져도 없어지지 않는다.
없어지는 참이라면 참이 아니다.
참의 열림이 참으로 참의 사라짐도 참이다.
참의 있음이 참이라면 참의 없음도 참이다.
열림은 닫히며 있음은 없음이 된다.
참은 한 때 사라질 뿐 없어지지 않는다.

나가 참이며 참이 나로 나와 참은 하나로 열리며 닫히는 하나다.
참으로 나가 있고 나로 참이 있다.
나와 참은 때없음 끝없음 속에서 하나다.
바탕과 뿌리의 참과 나는 하나다.
참은 나의 나다. 나는 참의 참이다.

참의 이룸이 나며 나의 이룸이 참이다.
나를 앎으로 참을 앎며 참을 앎으로 나를 안다.
나의 있음은 참의 있음이며 나의 삶은 참의 삶이다.
참은 나로 깨어나 나를 이룸으로 참을 이루고
나는 참으로 열려 참을 이룸으로 나를 이룬다.

나는 참을 살고 있는 참이다.
이때의 나는 여기 온울의 참이다.
끝없이 나타나고 사라지는 끝없는 참의 이때 여기의 참이다.
때없이 열리고 닫힐 참 가운데 하나로
참은 나를 살고 있고 나는 참을 살고 있다.

참의 이룸으로 길이 열린다.
참의 이룸이 길이며 길의 열림이 참이다.
참은 나라면 길은 마음이다.
길은 참으로 열리고 참은 길로 이루어진다.
나의 열림과 이룸이 마음이듯이 길은 참의 열림과 이룸이다.
참이 없이는 길이 없고 참이 아니면 길이 아니다.

마음은 나의 길이다.
나를 이룸에 길은 마음이니 참이 길로 이루어지듯이
나는 마음으로 이루어진다.
나의 참이 굳을수록 마음의 길이 넓고 깊어지고
나를 이룸이 힘들수록 마음의 길이 고달프다.
마음의 이끎이 어려운 만큼 나의 세움은 튼튼해진다.

나는 사라져도 나는 없어지지 않는다.

길은 참의 삶이며 마음은 나의 삶이다.
참으로 열린 길은 참을 이루고 나로 열린 마음은 나를 이룬다.
참은 별처럼 늘 길을 열어준다.
나는 해처럼 마음의 온누리를 비춘다.
마음은 나의 삶의 이룸이며 길은 참의 삶의 있음이다.

나는 온울(우주)의 앎의 이룸이다. 나는 온울 앎의 있음이다.
나는 이때 여기를 이루고 있는 온울이다.
온울의 앎이 나를 열고 있다.
끝없는 온울의 앎이 나에 닿아 있다.
앎은 왜 앎인가? 앎은 왜 앎일까? 앎의 앎은 참의 앎이다.

앎의 깊음이 깊은 참을 열어주고 앎의 넓음이 넓은 참을
보여준다. 앎의 깊이가 내 누리의 깊이를 이루고
앎의 넓이는 내 누리의 넓이를 이룬다.

앎은 나의 힘이다.
온울(우주)의 앎이며 참의 앎이기에
참의 힘과 온울의 힘을 열어준다.
나의 앎으로 앎을 깨달으며 앎을 앎으로 온울의 이룸을
깨우친다.

나를 아는 만큼 내가 있다.

나를 모르면 나를 만나지 못한다.
나를 앎으로 나는 나와 하나가 되어 나를 이룰 수 있다.
나의 바탕을 앎으로 나의 뿌리를 만난다.
나를 여는 만큼 나가 있으며 나를 비우는 만큼 참이 있다.
나의 앎으로 나의 누리는 넓어지고 깊어진다.
나는 끝없이 작은 나로 끝없이 큰 나를 보며
아주 짧은 한 때인 나에서 때없는 나를 만난다.

삶을 아는 만큼 삶이 열린다.
삶은 알수록 넓어지며 모를수록 좁아진다.
삶을 알 때 비로서 삶이 있다.
삶을 모르면 삶은 아무것도 남기지 않는다.
앎으로 삶은 나의 것이 되지만 모르면 삶은 어느새 사라진다.

앎을 아는 만큼 참이 보인다.
참과 앎은 하나로 열려 하나로 닿아있다.
참의 열림이 앎이며 앎의 열림이 참이다.
참은 앎의 모든 것이며 앎은 참의 이룸이다.
참을 아는 만큼 앎이 있다.
참을 알려면 앎을 열어야 되고
앎을 알려면 참을 거쳐야 된다.

참은 아는 만큼 온울이 있다.
참과 나는 하나로 나에 따라 앎이 바뀌고
앎에 따라 참의 앎이 다르게 된다.
나의 울 밖의 참을 알고 나의 울 넘어의 앎을 가늠함에 참의
온울이 있다. 앎을 아는 만큼 온울이 열린다.

앎으로 하늘의 나가 있어 나의 하늘은 앎의 하늘이다.
하늘은 마음을 열어주는 깨달음이다.
온누리는 마음으로 하늘의 나에 닿아 있다.
하늘의 마음이 온누리 속에 있다.
참으로 열린 하늘은 앎으로 열린 하늘이다.
참을 이루는 하늘은 앎을 이루는 하늘이다.
참의 앎이 온누리의 마음 속에 열려 있다.
저마다의 마음의 바다에 비치고 있다.

앎을 알 때 나를 안다.
나의 마음은 앎으로 열려 나와 앎은 하나다.
나는 앎으로 살며 앎을 이루고 돌아간다.
나는 앎을 이루고 앎은 나를 이룬다.
나가 참이라면 앎은 길이다. 참의 나는 앎의 길로 이룩된다.
참이 잘못되면 길은 사라지고 길을 잘못들면 참이 없어진다.

나는 끝없이 나를 알아가는 길이니 쉼 없이 나를 이루는
목숨이다.
나는 끝없이 참을 열어 가는 참으로 나는 참의 삶의 길이다.
참도 나도 처음도 끝도 없는 누리다.
여기의 나는 끝없는 나 속에 있는 나며
이때의 나는 때없는(영원) 나 가운데 하나다.

나를 알려는 것은 온울(우주)이 온울을 알려고 함이다.
내가 나를 찾으려 하는 것은 온울이 온울을 찾으려 하는
것이다.
누리는 모든 나가 스스로를 이룸으로 이루어진다.
저마다의 나를 이룸으로 온울이 이루어진다.
나를 앎도 참에 있고 나를 이룸도 참에 있다.
참을 벗어나거나 거슬려서는 어떤 것도 이루어지지 않는다.

나의 열림은 빛과 같고 앎의 열림은 하늘과 같다.
빛과도 같은 참의 열림으로 나가 열리며
하늘 같은 마음의 열림으로 앎이 열린다.
빛은 하늘로 온누리를 열고 마음으로 온누리 앎이 된다.
온누리 마음의 빛인 앎을 이룬다.

나의 있음은 나를 앎이니 앎으로 나는 이루어진다.
나의 열림인 마음의 앎의 쌓임과 이어짐이다.
앎의 거듭됨과 배움으로 두터워진 마음이 이루어진다.
나의 있음은 앎의 끊임없는 쌓임과 이어짐이다.

앎은 나의 어둠을 밝히는 빛이니
나의 빛을 알면 끝없는 어둠을 깨닫는다.
어둠이 나의 빛으로 열리니 나의 빛으로 어둠이 있다.
나의 빛을 보면 끝없는 모름의 어둠을 만난다.
나의 빛으로 드러난 어둠은 모름과 없음의 끝없음이다.

빛은 끝이 있고 어둠은 끝이 없다.
앎은 끝이 있고 모름은 끝이 없다.
빛은 어둠이 되고 앎은 모름이 된다.
어둠은 새로운 빛이 되고 앎이 된다.
끝없는 어둠으로 때없는 빛을 깨닫게 된다.
끝없는 모름에서 때없는 앎을 알게 된다.
끝있는 빛은 끝없는 어둠을 열어준다.
작은 앎은 끝없는 모름이 열어준다.
끝없는 모름에서 앎이 열린다.

나는 앎으로 열려 모름으로 알게되고
빛으로 열려 어둠으로 밝아진다.
목숨의 나는 앎의 나다.
나가 없으면 앎이 없어 모름이 없고 빛이 없으면 어둠도 없다
모름은 모름이 아니고 어둠은 어둠이 아니다.
빛에서 나온 앎은 어둠에서 사라진다.
어둠에서 빛이 나오듯이 모름에서 앎이 나온다.
빛은 어둠으로 사라지고 앎은 모름으로 돌아간다.
빛은 앎으로 열리고 어둠은 모름으로 닫힌다.
빛은 앎의 빛으로 온누리가 되고 온누리 마음의 빛이 된다.
빛이 사라지는 어둠은 빛을 낳은 빛이며
앎이 돌아가는 모름은 앎이 숨어있는 앎이다.

온울(우주)은 나의 앎으로 나의 온울을 나의 앎으로 안다.
온울로서 나가 있고 나의 앎의 누리가 있다.
나와 하나인 온울은 나와 하나의 앎이다.
온울의 있음은 나의 있음이며 앎의 있음이다.
온울은 나의 끝없는 앎을 열고 있다.
나의 앎은 온울로 열리고 온울을 이룬 온울의 앎이다.
온울이 나와 하나의 앎이기에 나의 삶이 있다.

온울(우주) 밖은 끝없는 모름이다.
있음은 끝있음으로 있음을 이룬다.
앎은 모름 속에서 앎이 된다.
나의 앎은 온울의 있음과 목숨으로 열려 있다.
온울의 없음은 나의 없음이며 앎의 없음이다.
나의 없음은 온울의 없음이며 온나의 없음이다.
온울 밖은 모름의 앎이다.
모름도 앎으로 열린 모름이다.

삶은 앎의 이룸이며 앎은 삶의 이룸이다. 앎은 삶과 하나다.
삶은 앎으로 열리고 앎은 삶으로 열린다.
앎의 하나로 삶이 있고 삶의 하나로 앎이 있다.
삶은 나의 이룸이며 앎의 이룸이다.
앎이 옳을 때 삶이 옳바르게 되고
삶이 옳바름에 옳바른 앎이 열린다.

온누리의 나는
하늘로 열린 하늘이다.

하늘 속에 온누리 있음과 목숨들은 하늘을 나로 가득
채우고 있다. 하늘로 열린 모든 나는 하늘속에 나의 하늘을
품고 있다. 온누리의 마음은 하늘로 채워져 있고 나의 마음은
하늘로 열려 하늘 속에 있다.
하늘과 땅이 온누리의 있음과 목숨이 되어 마음으로 열려있다.

하늘의 나는 스스로움이니 하늘은 별의 나로 열린
스스로움이다. 열림의 스스로움으로 있음과 목숨의
스스로움의 바탕과 뿌리를 이룬다. 나의 열림은 마음의
스스로움이다.
하늘에서 나의 열림은 온누리의 스스로움이다.
나는 하늘의 스스로움으로 열린 있음이며
하늘은 나의 스스로움을 보여주고 참의 스스로움을 알려준다.

스스로움(자유)은 온울열림의 바탕이며 뿌리다.
온울(우주)은 스스로움을 열고 스스로움의 바탕을 알려주며
스스로움의 뿌리를 보여준다.
온울이 곧 스스로움으로 온울의 스스로움이다.
스스로움의 열림인 온울이 온울의 스스로움이다.
온울을 여는 참과 온울을 이루는 길이 바로 스스로움의
이룸이다.

나를 앎으로 스스로움(자유)을 알며 참을 앎으로 스스로움을
깨우친다.
스스로움이 없으면 나는 없다. 나가 없으면 스스로움도 없다.
나는 스스로움으로 열리는 스스로움이다.
나와 열림과 있음은 스스로움의 이룸이다.

온울(우주)의 놀라움이 펼쳐진 하늘은 끝없이 넓고 깊은 얼이
되어 온누리의 스스로움(자유)이 된다. 하늘은 땅의
스스로움으로 땅의 온누리가 하늘의 스스로움을 열고 있다.
온누리는 얼의 스스로움으로 열려 있는 하늘의 스스로움이다.
온누리의 모든 있음과 목숨들이 하늘의 스스로움으로 나타나
하늘의 스스로움을 새겨준다.

빈울은 참의 스스로움(자유)이다.
빈울의 스스로움은 끝없이 온울(우주)을 이루고 이어간다.
빈울은 온울의 스스로움으로 별을 이루고 별 하늘의
스스로움을 열고 온누리를 스스로움으로 이루고 있다.
때없음으로 열린 때없는 스스로움을 온울의 스스로움으로
열고 있다. 빈울은 빈 마음이 되어 스스로움을 열고 있다.
빈은 나와 나의 스스로움의 바탕과 뿌리로 열려있다.

온울(우주)의 앎은 나의 스스로움(자유)이다.
온울은 나의 스스로움을 새겨준다.
나의 바탕과 뿌리의 스스로움을 온울은 보여준다.
나의 스스로움은 온울의 빛으로부터 열린다.
온울의 참 속에 나의 스스로움이 있다.
온울은 빈울로 나의 스스로움을 보여준다.
빈울이 열어준 별의 나로 나의 스스로움을 알려준다.

나가 온 곳이
나가 돌아 갈 곳이다.

온울(우주)이 온 곳이 온울이 돌아 갈 곳이다.
나의 처음을 알면 나의 마지막을 알 수 있다.
빛의 처음으로 어둠을 만나고 앎의 처음으로 모름을 만난다.
빛의 마지막은 어둠이며 앎의 마지막은 모름이다.
빛의 마지막과 앎의 마지막은 하나됨이니
처음과 마지막은 하나다.

이때 이곳의 나는 처음의 나가 아니다.
온울(우주)의 먼 옛날에 나가 있어
온울이 처음의 나를 열어주고 보여준다.
온울 속에 나는 온울의 처음과 하나다.
이때 여기의 나는 온울이 처음의 온울에서 나아져온 것처럼
나아져온 나며 온울을 따라 바뀌며 새로워진 나다.

먼 앞날의 나는 이때의 나가 아니니
먼 앞날의 나는 온울 속에 있다.
앞날을 넘어선 나는 때를 넘어선 나다.
온울은 때없는 나를 가리키고 있다.
끊임없이 바뀌는 나의 먼 앞날은 어떤 것일까?
나의 마지막은 무엇일까?
처음도 이때도 멀고 먼 앞날도 온울과 하나인 나는
온울의 마지막과 함께 할 것이다.

나타난 나는 끝없는 나와 다르다.
끝없는 나는 끝없이 열려 있으며 끝없는 나는 보이지 않는다.
끝없는 나는 끝없이 바뀌는 나다.
끝없는 나는 나타나지 않은 나로 나타난 나를 벗어난 나며
나가 닿을 수 없는 나다.
나타난 나는 끊임없이 나타나고 사라짐에 끝없는 나가
나타나고 사라짐을 거듭하며 이어진다.

태어난 나는 때없는(영원) 나와 다르다.
때없는 나는 나타나지 않는다.
때없는 나는 나가 아닌 나로 있음의 나는 때없는 나로부터
벗어난다.
때없는 나에서 때와 울의 나 목숨의 나로 태어남에
나는 끝없는 바뀜의 나가 된다.

끝없이(무한) 바뀌는 나의 누리는 때없이(영원) 바뀌지 않으며
끝없이 나타났다 사라짐은 때없이 바뀌지 않는다.
참은 끝없이 바뀌며 때없이 바뀌지 않는다.
여기가 없으면 끝없음이 없고 이때가 없으면 때없음은 없다.

나가 온 곳이 나가 돌아 갈 곳이다

때와 울로 열린 나는 때없음(영원) 끝없음(무한)에 닿아 있다.
나의 있음은 때없는 나 끝없는 나로부터 열린다.
때없음과 끝없음에서 나타나
나의 때와 울로 때없음 끝없음을 열고 있다.
나의 있음과 목숨은 때없음 끝없음의 있음이다.

나의 열림에 끝없음(무한)이 있고
닫힘으로 때없음(영원)이 있다.
있음으로 끝없음이 열리고 없음에서 때없음이 나타난다.
온울의 있음과 없음으로 끝없음과 때없음이 있다.
끝없음에서는 끝없음이 사라지며
때없음에서는 때없음도 없어진다.

끝없는 나의 바뀜을 알 수 없어
새로운 나의 앞날은 가늠이 안된다.
온울 속에 끝없는 나가 있으며 온울 밖에 때없는 나가 있다.
나는 처음도 끝도 없는 참으로 열려 있다.

나는 왜 나인가?

나를 아는 나는 없다. 나를 깨달음으로 나를 만난다.
나를 깨달음으로 온누리의 나를 열 수 있고
온나를 깨달음으로 한 나에 다다른다.
나는 나를 알아야 되는 앎이며 나를 비춰야되는 빛이다.
나를 깨달음은 나의 삶을 이루는 길로 나를 알 때 나의 삶이
이룩된다.

하나의 나는 끝없는(무한) 나다.
나의 있음은 끝없는 나의 있음이다.
끝없는 나의 뿌리가 있어 하나의 나가 나타난다.
태어나는 나는 어쩌다 이루어지는 나일 수 없다.
끝없음은 나의 있음도 끝없음의 누리로 열어 놓는다.

하나의 나는 때없는(영원) 나다.
나의 한 번의 열림은 때없는 열림이다.
이때 여기의 나는 때없는 나다.
때없음이 있어 열림이 있고 때없는 나로부터 나가 열린다.
이때 여기의 나는
때없음에서는 언제인가는 새로 나타날 수 있음을 뜻한다.

사람은 온울(우주)이니 사람을 이룸은
온울의 사람을 이룸이다. 온울이 사람을 이룸이다.
온울은 사람이다. 사람을 이룬 온울은 사람이 있다.
사람은 스스로만의 누리라는 울타리를 벗어남으로
온울 사람의 뿌리로 사람이 열린다.
온울의 사람을 열 수 있다.
나는 온울에 있는 사람이며 온울은 사람이 있는 나다.

나는 사람으로 깨닫는다.
나는 사람의 누리와 사람의 마음으로
온누리를 만나게 된다.
온울 온누리의 뫼들물은
사람의 울타리 밖으로 끝없이 열려 있다.
사람은 사람의 울로 밖을 보게 되고
온누리 뫼들물은 저마다의 울로 온누리를 알게된다.

별들이 외로워 보이는 것처럼 나는 외로운 있음이다.
빈울 속에서 있음은 빈에 둘러쌓여 뿌리 깊은 외로움을
느끼게 된다.
나만의 나가 사라짐을 앞 둔 있음과 목숨의 외로움이다.

나는 끝없이(무한) 나로 열린다.
나의 열림도 이룸도 끝이 없다.
나가 열어 가는 마음의 누리도 끝없이 펼쳐진다.
바뀌고 새로워지며 나아가고 이어진다.
나는 대나무 숲을 찌르는 빛처럼 열린다.
나는 땅의 돌아감을 따라 끊임없이 펼쳐지는
해오름과 해질녘처럼 이어진다.

나는 때없이(영원) 나가 된다.
온울로 열린 나는 때없이 온울의 나로 열린다.
나는 끝없이 나로 열리며 때없이 나를 이룬다.

나는 나를 살아야 되는 삶으로
온울(우주)을 이뤄야 되는 온울이며
나를 알아야 되는 앎이다.

나는 마음으로 살고 있다

나는 마음이 이루는 마음으로 마음은
나로 열려 나를 이루는 삶이다.

빛과 어둠이 마음이다.

빛의 마음이 어둠의 마음을 연다.
빛과 어둠의 열림이 마음이니 마음의 빛과 어둠이다.
빛과 어둠은 보이지 않는 마음의 열림과 닫힘이다.
빛의 있음에는 마음이 있고 빛의 없음에는 마음이 없어
빛과 어둠은 온울의 마음이다.
빛은 어둠의 열림으로 이는 어둠의 나타남이며
어둠은 빛의 사라짐으로 어둠의 닫힘이다.
빛으로 열린 어둠은 빛의 어둠으로 사라진다.
마음 밖의 빛은 밝지 않고 어둠은 어둡지 않다.
마음의 빛이 마음의 어둠을 연다. 온울의 빛과 어둠이다.

빛은 어둠을 보고 어둠은 빛을 본다.
빛이 바라보는 어둠은 때없음(영원) 끝없음(무한)을 보여주고
어둠이 바라보는 빛은 때와 울을 열어준다.
어둠이 빛이 되고 빛은 어둠이 된다.
하나가 둘이 되어 서로를 바라본다.
어둠이 없는 빛은 없어 빛이 없는 어둠은 없다.
어둠에는 빛이 보이고 빛에는 어둠이 보인다.

마음이 아닌 빛이 마음이다.
온울(우주)에서 빛은 마음을 이루고 마음은 빛을 이룬다.
빛은 온누리를 열고 온누리의 마음으로 있다.
빛은 마음의 빛으로 온울을 비춘다.
마음의 빛은 얼이 되어 돌아간다.
빛은 마음의 앎으로 온울을 이루고 있다.
마음이 아닌 뫼들물(자연)의 있음이 마음이다.

마음의 빛이 마음의 어둠이다.
빛의 열림으로 어둠이 있고 어둠의 있음에서 빛이 있다.
빛과 어둠에서 열린 마음으로 빛과 어둠을 만난다.
마음의 빛으로 어둠이 드러난다.
마음은 나의 빛과 어둠이니 온누리의 빛이 되고 어둠이 된다.

빛의 마음이 빛을 깨닫는다.
어둠이 빛으로 열린 나의 마음으로 빛을 본다.
빛과 어둠은 나의 있음이며 마음의 열림이다.
빛이 빛의 마음을 이룬다.
빛이 이룬 있음과 목숨 그리고 마음이 온누리의 빛으로
열려있다.
빛은 온누리 마음의 빛으로 열려 있다.
마음의 빛으로 빛의 마음을 알게 된다.

빛은 어둠의 삶이다. 어둠이 빛을 열고 빛을 살고 있다.
빛은 어둠의 있음이며 목숨이다.
어둠과 빛은 나의 있음이며 마음의 있음이다.
마음은 어둠과 빛의 삶이다.
어둠의 빛이 열려 빛의 마음으로 어둠을 본다.

빛의 있음은 어둠의 있음이다.
어둠에서 빛이 열려 어둠으로 빛이 있다.
빛은 어둠으로 있는 어둠이다. 어둠은 빛으로 열린 빛이다.
빛이 온누리로 열리니 있음의 빛은 어둠의 있음이다.

어둠과 빛은 어둠과 빛이 아니다.
열림이며 이룸이니 열림으로 어둠이 되고 빛이 된다.
빛과 어둠의 온울 이룸으로 빛과 어둠으로 보인다.
어둠과 빛이 하나로 있을 때는 어둠도 아니고 빛도 아니다.

빛은 마음의 참으로 마음의 참은 빛이다.
어둠을 열고 어둠을 밝히는 빛과
모름을 열고 모름을 알리는 마음과 같은 참이다.
빛이 온누리가 되어 마음의 빛을 이루는 하나의 참이다.
빛과 마음은 하나의 참이다.

마음은 빛의 길이다. 빛의 참은 마음의 길로 열려 있다.
빛이 이루는 온울 온누리는 나의 마음이 이루는
마음의 있음이다. 빛의 있음은 마음의 있음으로 열리고
마음의 이룸으로 온누리를 이룬다.
나의 있음은 빛의 있음이다. 나의 참은 빛의 길로 열려있다.

마음의 있음이 있음으로 나의 열림이 있음이다.
마음은 나의 열림이며 이룸이다.
열림은 마음이 아닌 마음이며 있음은 마음이 아닌 마음이다.
빛은 열림의 있음이다. 빛과 나는 참으로 열리는 하나다.
마음이 없는 열림도 이는 보이지 않는 마음이며
마음이 보이지 않는 있음도 이는 숨겨진 마음의 이룸이다.

마음은 보이지 않는 온울이니

온울(우주)은 보이지 않는 마음의 이룸이다.
보이지 않는 마음으로 온울의 있음은 이루어진다.
나타난 온울은 보이지 않는 온울의 마음이다.
마음은 온울로 열린 온울의 마음이다.
빈울이 연 별은 별의 마음으로 보인다.
온울의 누리가 온울의 마음으로 열려 있고
별이 온울의 마음으로 나타난다.
별들은 온울의 마음이 이룬 모습이다.

빈울은 온울(우주)의 마음이다.
빈울은 모든 별들의 마음으로 열려 있다.
빈울에서 별들이 끊임없이 열리고 사라지며
빈울의 마음도 끊임없이 열리고 사라진다.
빈울은 별의 있음과 목숨과 모습을 낳는 별의 마음이다.
별의 모습은 빈울의 마음으로
빈울은 별이 되는 온울의 마음이다.
온울 온누리의 마음으로 빈울이 열려 있다.

마음은 온울(우주)의 빛이다. 마음이 온울의 참을 깨닫는다.
빛은 온울의 온누리가 되어 온누리 마음의 빛이 된다.
온울이 연 나의 마음으로 온누리의 참을 비치는 빛이 된다.
빛은 마음을 이루고 마음의 빛이 된다.

온울(우주)의 있음은 마음의 있음이다.
마음은 온울로 열린 온울의 있음이다.
나의 있음은 온울의 있음이다.
나는 온울의 있음을 이루는 마음이다.
온울의 마음은 나의 있음이다.
나의 마음은 온울이 연 온울의 이룸이다.
나는 온울이며 온울의 마음이다.

온울(우주)의 모습 속에 마음의 온울이 들어 있다.
있음이 없는 마음이 없고 마음이 없는 있음이 없다.
나로 열리는 있음은 마음의 이룸으로 있음은 보이지 않는
마음이며 모습은 보이지 않는 마음의 모습이다.
마음은 온울의 있음으로 열려있는 삶이다.

마음이 있음을 이룬 모습을 보고 나의 마음을 이루고
마음의 모습을 본다.
모습을 이루는 마음의 있음을 본다.
나의 있음인 마음의 모습으로 나의 마음이 된다.
모습의 마음으로 마음의 나를 보고 이는 나의 이룸으로
이어진다.
나가 나를 이룬 마음에서 나를 바라본다.

마음은 마음에서 보인다.
마음의 있음으로 마음이 보이고 마음의 거울에 마음이
비친다.
마음은 마음에 열려 마음으로 비쳐진다.
마음의 이룸인 마음의 앎으로 마음을 깨닫는다.
마음에서 마음을 밝히니 마음이 마음으로 보인다.

마음의 누리는 온울(우주)의 누리다.
온울은 누리의 처음이며 마지막이다.
누리는 마음의 처음이며 마지막이다.
온울의 누리며 온울이 누리다.
누리의 마음이며 누리가 마음이다.
나는 마음의 누리로 열린다.
온울 열림 속의 나는 마음의 온울이다.
온울과 하나로 열리고 하나로 이룩되는 온울 누리다.
마음은 누리의 처음이며 누리의 마지막이다.

빈울은 나의 마음이다.
있음과 목숨이 빈울에서 열려 빈울의 나를 이루고 있다.
나의 있음이 빈울 속에 있고 마음은 빈울로 열려 있다.
빈울이 마음을 열고 나를 이루고 있다.
빈울이 온누리의 마음을 열고 온나로 열려 있다.

빈울이 있음과 목숨을 이룸은 마음을 이룸이다.
마음을 연 빈은 있음으로 열린 보이지 않는 울이다.
울의 열림과 흐름은 있음이며 목숨이다.
나타나는 것은 마음이 이루고 보이는 것은 마음을 이룬다.
온누리의 있음과 목숨은 보이지 않는 마음이다.

있음과 목숨의 열림인 빈울은 마음의 끝없음이다.
빈울은 마음 속에 빈이 되어 나의 바탕과 뿌리로 열린다.
나의 빈에서 마음의 온누리가 이루어진다.
나의 빈은 마음의 비움을 열고 마음 속의 길을 펼친다.
비움의 마음은 빔의 마음과 하나가 된다.
마음으로 마음이 비치는 거울이다.

나의 있음은 끝이 있으나 마음의 나는 끝이 없다.
마음의 나는 온누리의 온나에 이르고 때없는 한나에
닿아 있다.
마음의 참은 때없음의 누리로 있으며
마음의 길은 끝없는 울로 열려 있다.
이때 여기의 있음인 나는 마음을 이루고 사라지지만
끝없는 마음의 온나는 사라지지 않는다.
때없고 끝없는 나가 사라지는 나에서 새로운 나로 나타난다.

때없음(영원)과 끝없음(무한)에서 열린 온나는
마음의 삶을 연다.
나의 마음은 온나의 삶 속에 열린 있음이며 목숨이다.
나는 때없음과 끝없음이 연 삶을 살고 있다.
내가 닿을 수 없는 때없음과 끝없음이 나를 이루고 있다.

때와 울의 있음은 마음이다.
때와 울의 열림은 마음의 열림이다.
때와 울은 나를 이루는 마음의 삶이다.
참이 열리는 때와 울은 나로 열리는 마음이다.
이때 여기의 마음으로는 알 수 없는 마음이며
마음이 아닌 마음이다. 보이지 않는 마음의 때와 울이다.

온울(우주)의 때와 울은 온울의 삶이니 마음으로 열린 마음의
이룸이다.
온울의 빈울은 삶으로 열린 마음이다.
빈울은 별의 있음이며 목숨으로
빈울은 별을 살고 별은 빈울을 산다.
때와 울로 열리는 마음의 누리는 빈울로 이룩된
온울의 마음이다.
울의 누리는 때없음(영원)과 끝없음(무한)의 있음이다.

나는 나의 때와 울이다.
나는 나의 때와 울로 열려 있고 나의 때와 울을 이루고 있다.
온누리는 저마다의 때울을 열고 나를 이루고 있다.
때없음(영원)과 끝없음(무한)은 온울 온누리의 바탕이며
뿌리로 나를 이루는 때와 울을 살고 있다.
나는 때와 울의 참이며 때와 울은 나의 참이다.
때울은 나와 하나로 열리는 하나다.

별은 빈울의 마음이다.

빈울에서 열리는 있음과 목숨은
빈울의 누리를 이루는 빈울의 마음이다.
빈울을 이루는 별의 있음과 목숨은 빈울이 마음이다.
온울은 하나의 누리로 열린 빈울의 마음으로
빈울은 별을 이루고 별의 마음인 온나로 열려 있다.
빈울은 별의 마음을 이루고 별의 마음으로 열려 있다.

빈울의 별이 빈울을 본다.
빈울은 별을 바라보고 별은 빈울을 바라본다.
빈울은 별의 마음을 이루고 별은 빈울의 마음을 이룬다.
서로 마음을 열고 온울의 마음을 이룬다.
빈울의 마음으로 빈울을 본다.
빈울의 마음은 별에 있고 별의 마음은 빈울에 있다.
빈울은 별로 마음을 이루고 별은 빈울로 마음을 연다.
빈울은 온울의 온나로 별에 열려 있다.

별은 나의 마음이다.
별로 열리는 나의 마음에 별은 마음이 된다.
있음의 마음이며 목숨의 마음이다.
나의 별은 마음의 별로 나는 별의 마음이다.
별과 하나의 마음인 나는 별의 있음과 목숨으로 열린 별의
삶이다. 별의 삶 속에 있는 나는 별 마음의 누리다.

별의 마음은 별이다.
별의 있음이 별의 마음이며 별의 모습이 마음의 누리로
별의 있음과 목숨의 누리가 별의 마음이다.
별의 마음이 별을 이루고 별이 별의 마음을 이룬다.
별의 바탕과 뿌리인 빈울이 보여주는 별의 모습이 마음이다.

마음이 아닌 해는 마음이다.
해의 빛으로 마음이 열리니 마음을 여는 빛은 마음이다.
빈울에서 열린 해는 끝없는 있음의 누리와 목숨이 되어
마음의 빛으로 열린다.
하늘과 땅이 해의 마음으로 누리를 연다.
땅의 온누리는 해의 마음 속에 있다.
어둠을 비치면서 해는 마음을 비치고 있다.

땅은 마음으로 가득 찬 마음이다.
끝없는(무한) 목숨이 들어 있는 끝없는 마음이다.
온누리의 뫼들물(자연)이 태어나고 사라지는 땅은
나의 바다며 마음의 숲이다.
땅의 마음이 나의 마음으로 우러나온다.
흙냄새 풀냄새 바다냄새 같이 짙게 배어 나온다.
나의 삶의 땅은 마음의 땅이다.

빈울과 별의 마음이 하늘에서 만나
별은 빈울의 마음이 되고 빈울은 별의 마음에 열린다.
빈울은 별의 마음을 하늘로 품고 있다.
하늘은 빈울과 별 하나의 마음이다.
빈울은 별을 품고 별의 마음을 열어주고
별은 빈울 속에서 빈울의 마음을 이루고 있다.
빈울과 별이 하나의 마음이 되어 하늘로 열려 있다.

하늘은 마음으로 열린 마음이다.

하늘의 빈으로 마음이 채워진다.
마음의 빈에는 하늘이 채워진다.
하늘은 마음으로 비어 있다. 마음은 하늘로 비어있다.
마음은 하늘로 비어 지고 하늘로 채워 진다.
마음은 하늘로 열려 있고 하늘과 마음은 서로를 채워준다.

하늘과 마음은 비움으로 채워진다.
하늘과 마음은 비울 때 가득해진다.

하늘의 이룸은 마음의 이룸이다.
하늘은 마음 속에 열려 마음의 하늘을 이룬다.
하늘이 있어 마음이 있다. 하늘의 이룸은 나의 이룸이다.
온누리의 나가 하늘에서 열리고 하늘로 이루어진다.
하늘은 마음으로 열려 온누리의 마음에 열려 있다.
온나의 마음으로 열린 하늘은 온누리 마음의 하늘을
이루고 있다.

하늘은 마음을 담고 마음은 하늘을 담는다.
별의 하늘은 별의 마음을 담고 땅의 하늘은 땅의 마음을
담는다.
별의 하늘은 별의 마음이 되고 땅의 하늘은 땅의 마음이
된다.
하늘은 땅의 마음으로 열려 있다. 땅의 마음은 하늘이다.
땅은 하늘의 마음이 되어 빈울 속에 마음으로 열려 있다.
하늘은 온누리 마음이 되고 온누리는 하늘의 마음이 된다.

마음이 막히면 하늘이 막힌다. 마음이 열려야 하늘이 열린다.
막힌 마음은 하늘이 열어주고 닫힌 하늘은 마음으로 열린다.
하늘이 닫히면 나가 사라진다.
하늘은 마음으로 열리고 마음에서 막힌다.
하늘의 열림으로 마음이 열리고
하늘 빈으로 마음 빈이 맑아진다.

하늘은 마음의 쉼터다. 지친 마음은 하늘에서 쉰다.
고달픈 마음도 아픈 마음도 헝크러진 마음도 멍한 마음도
하늘 속에서 쉬며 잠든다.
하늘은 나의 쉼터가 되어 나의 하늘이 마음 속에 고요히
머문다.

언제나 하늘에서 온울(우주)의 마음을 만난다.
하늘은 별과 땅 위에 온누리를 열고
온나의 마음을 하늘로 보여준다.
온누리 있음 목숨의 마음 속에 열린 하늘이
온울의 마음을 깨우친다.
하늘은 온울 마음에 하나되는 온누리 마음이다.

마음의 빛은 하늘 빛이다.
빈울 속에는 별 빛이 열려 있고
하늘 속에는 마음 빛이 열려 있다.
하늘의 밝음은 맑음을 열어주고
마음의 맑음은 하늘을 열어준다.
하늘에 맑음은 빈울의 바탕이며
마음의 빛은 하늘이 여는 맑음이다.

파란 하늘은 파란 마음이다.
온누리의 마음을 하늘이 파란빛으로 물들인다.
짙푸른 바다 속에 파아란 하늘이 내려와 있다.
마음의 바다는 하늘빛을 담았다.
파아란 하늘은 파아란 마음으로 아득히 멀리 퍼져 있다.
하늘 빛깔은 마음 빛깔이다.
파란 하늘 속에서 마음이 파랗게 물든다.

있음의 모습은 목숨의 거울에 비친다.
마음 빈울에 있음의 모습이 드러난다.
목숨의 있음으로 이루어진 모습은 목숨의 거울에 마음으로
드러난다. 마음은 목숨 속에 열린 온울(우주)의 거울이다.
하늘도 마음도 하나의 열림으로 마음은 하늘을 열고 닫으며
하늘은 마음을 열고 닫는다.
하늘과 마음이 하나로 열려 온누리를 이루고 있다.
별과 땅을 열고 빈울은 하늘이 된다.
나의 하늘은 마음으로 열린다.
하늘도 마음도 열림의 참으로 열림의 참은 곧 참의 열림이다.
하늘과 마음은 참의 열림이다.
참 열림이 하늘과 마음으로 열려 있다.

하늘은 땅의 이룸이니

하늘은 땅의 있음과 목숨으로 열려 있다.
땅의 있음과 목숨의 마음으로 온누리를 이루고 있다.
하늘 땅이 연 온누리는 하늘 땅을 이룬 온나의 있음이다.
온누리는 온나를 이루며 살고 있다.
하늘과 땅이 하나로 살고 있다.

하늘의 마음은 땅에 열리고 땅의 마음은 하늘로 열린다.
하늘과 땅은 마음으로 열려 있다.
하늘은 땅의 마음을 이루고 땅은 하늘의 마음을 이룬다.
하늘 마음은 땅에 있고 땅 마음은 하늘에 있다.
마음에서 하늘 땅은 하나가 된다.
하늘 땅이 하나의 삶으로 하나의 마음을 이루고 있다.

마음은 하늘을 열고 하늘은 마음을 이룬다.
마음은 하늘에 있고 하늘은 마음에 있다.
하늘은 나를 이루고 나는 하늘을 이룬다.
하늘이 마음 속에서 살고 있다.
나는 하늘로 열린 마음으로 살고 있다.
하늘 마음이 나로 살고 있다. 하늘 땅의 나를 이루고 있다.
하늘은 마음의 하늘로 열려 있다.

땅은 몸으로 열리고 하늘은 마음으로 열린다.
땅의 있음으로 몸이 있으며 하늘의 있음으로 마음이 열린다.
하늘과 땅이 하나로 이루어져 몸과 마음도 하나로
이루어진다.
땅이 몸이라면 하늘은 마음이다.
땅이 이룬 몸은 하늘의 마음을 품고 있다.
하늘로 열린 마음은 땅의 삶을 품고 있다.
몸은 땅의 그릇에 하늘을 담았고 마음은 하늘의 품에 땅을
품었다. 빈울 속에 하늘 땅이 하나로 열려 있다.

땅은 끝없는 마음이다. 땅의 흙은 끝없는 목숨으로 태어나고
사라지기를 거듭하며 그때마다 새로운 있음과 목숨으로
마음을 이룬다. 목숨의 마음으로 끝없이 열린다.
땅의 있음은 끝이 있어도 땅의 마음은 끝이 없다.

마음이 없으면 꽃이 없다.
별의 빈울을 바라보는 마음으로 별의 마음이 꽃이 된다.
땅의 목숨이 꽃이 되어 하늘을 바라본다.
꽃의 마음이 하늘을 바라보며 활짝 피어있다.
빈울 이룸에서 별이 태어나듯이 하늘 품에서 꽃이 핀다.
꽃은 하늘을 바라보는 마음이다.

하늘과 땅의 마음은 꽃으로 피어난다. 빈울 속에 별들의
어우러짐으로 하늘 땅에 햇빛이 비치고 비를 내린다.
빈울 속 끝없는 별들처럼 땅 위에 끝없이 꽃을 피우니
꽃은 별 마음이다.
꽃의 목숨은 별의 목숨이며 별의 길이 꽃의 길이다.
온울의 별은 땅 위의 꽃이 된다.

땅이 온울(우주)의 사랑이면 온울은 땅의 믿음이다.
태어남에는 사랑이 있어 태어나고
사라지는 있음과 목숨은 온울의 사랑에 믿음이 있다.
온울의 사랑 속에 땅이 있고 땅의 사랑으로 있음 목숨이
있다.
온울 속에 있음 목숨은 사랑의 이룸이며 믿음의 열림이다.
온울에서 별의 태어남과 별에서 뫼들물(자연)이 열림이
하나의 사랑이다.
뫼들물의 있음 목숨의 삶에는 온울의 사랑이 믿음의 뿌리다.

온울 사랑에 꽃이 피어 있다.
마음을 이루려고 꽃으로 태어나
아름다움을 그리려고 꽃을 피웠다.
하늘 땅의 품 속에서 믿음과 사랑으로 열린 마음이
꽃으로 피어있다.
꽃은 뫼들물이 땅에 믿음을 새김이며
사랑을 머금은 기쁨이다.

뫼들물(자연)은 마음이다. 마음은 뫼들물이다.
하나의 열림을 이루고 있다.
마음이 보이는 뫼들물은 마음의 있음이다. 보이지 않는
마음이 뫼들물 속에 있어 마음을 이룬 뫼들물이 마음이다.

뫼들물(자연)에서 열린 나는 뫼들물의 마음이다.
나는 마음으로 살아가는 마음의 뫼들물이다.
나의 마음은 뫼들물의 마음이다.
하늘이 땅 속의 풀뿌리로 뻗어 나가듯
땅 속 풀뿌리의 굳셈이 하늘의 뜻 같다.
하늘이 땅속에 들어 있어 땅은 하늘 속에 열려 있다.
하늘의 길이 땅에 있고 땅의 뜻이 하늘에 있다.
하늘이 땅의 마음 속에 열려 있다.

나의 얼은 물 속에 비치는 먼 뫼 그림자다.
머리에 흰구름을 얹고 검푸르게 꿈결처럼 어른거린다.
먼 뫼 그림자는
마음의 물 속에 떠다니는 하늘의 구름속으로 사라진다.
마음이 하늘의 구름처럼 얼이 된다.

마음은 어둠 속에 떠오르는 달이다.
달은 어둠 속에 깨어있는 마음이다.
참에서 나와 고요히 참을 바라본다.
빛이 없어도 빛을 비추고 얼이 없어도 얼을 연다.
마음이 없어도 마음이 된다.
달은 빈울의 마음을 비추고 있다. 빈울이 달빛에 실려 있다.
달의 마음에서 마음을 받은 나는 마음에 달의 마음이 서린다.

뫼들물(자연)은 온울 마음의 모습으로
눈 앞에 보이는 온울의 마음이다.
땅이 마음이며 물이 마음이다.
땅과 물을 이룬 온울의 마음이 뫼들물의 삶을 살고 있다.
나는 뫼들물 속에서 온울의 마음으로 살고 있다.

온누리는 나가 이루는 마음이니

나로 열린 나의 있음이다.
온나의 있음과 목숨이 마음으로 살고 있다.
온누리는 뫼들물의 삶이 만든 마음의 모습이다.
나의 마음에서 마음의 모습으로 보이는 온누리는
나와 한누리의 마음이다.

있음의 마음을 온누리는 새겨준다.
온누리의 있음으로 나의 있음을 새기며
온누리의 모습에서 마음의 글을 읽어본다.
온누리는 끝없이 뜻으로 열리고
뫼들물은 끊임없이 마음의 글을 보여준다.

마음은 참을 가늠한다.
끝없는 참은 나의 마음에 비침으로 가늠된다.
참이 이때 여기의 마음 속에 아주 작고 가냘프게나마
스치듯이 지나간다.
참이 나의 마음을 열고 참의 뜻을 언뜻 비쳐준다.

나의 있음은 참의 마음이다.
나는 참으로 열린 참의 있음으로 나의 마음은 참의 마음이다.
나의 열림은 참의 열림이며 마음의 이룸은 참의 이룸이다.
나의 있음으로 새겨진 참은 마음으로 열려 있다.
마음의 앎이 참의 앎을 열어준다.

나의 마음은 참의 삶이다.
삶은 참의 삶이며 마음은 참의 마음이다.
삶의 참으로 삶이 보이며 마음의 참에서 마음을 알 수 있다.
참은 나의 있음으로 참의 있음을 새겨주며
삶의 있음으로 참의 삶을 보여준다.
나가 나를 봄으로 참이 참을 본다.
나의 마음으로 참의 마음을 읽고 나의 삶으로 참의 길을
안다.

온누리는 하나의 삶이다.
하나의 삶이기에
온누리가 열려 모든 뫼들물들이 함께 살 수 있다.
하나의 삶은 하나의 마음이다.
있음과 목숨의 마음은 저마다의 마음을 나만의 것처럼 여기며
저마다의 누리를 이루지만 모두 하나의 마음으로 열려 있다.
나만의 삶이 없듯이 나만의 마음은 없다.

없음 속에 있음은 하나로 없음에서 있음의 열림은 하나의
참이다.
온울의 빈울이 하나며 빈울과 별이 하나인 것과 같이
없음속에 있음이 하나로 온울로 열려 있다.

있음이 열리는 만큼 없음이 열린다.
나의 있음만큼 없음이 보인다.
때없음(영원)은 때의 깊이만큼 열리고 끝없음(무한)은
울의 넓이만큼 보인다. 나의 누리 만큼 온울이 있다.
없음에서 열리는 있음만큼 없음이 열린다.

빛의 밝기만큼 어둠이 있다.
빛이 닿는 곳에 어둠이 있고 앎이 미치는 곳에 모름이 있다.

마음을 여는 만큼 삶이 보인다.
넓은 마음이 넓은 삶을 열고 깊은 마음이 깊은 삶을 이룬다.
마음을 닫으면 삶은 보이지 않고 마음이 작아지면 삶도
작아진다. 앎은 삶을 넓히고 마음은 삶을 깊게 한다.

나를 여는 만큼 누리가 보인다.
마음을 여는 만큼 온누리가 다가온다.
보이지 않는 온누리의 마음이 모습으로 보임은
온누리를 꿰뚫고 흐르는 하나의 마음 때문이다.
보이지 않는 저마다의 마음이 하나의 있음의 누리기 때문이다.
온누리는 하나의 열림으로 나를 닫으면 마음의 누리도 닫힌다.

목숨은 하나의 나다. 나만의 목숨도 삶도 없다.
나만의 있음도 마음도 없다.
온누리는 나와 하나로 살고 있는 하나의 나다.
사람만의 있음도 목숨도 없듯이 사람만의 나도 없고 마음도
앎도 없다. 나는 온누리의 삶이며 뫼들물의 삶이다.
사람은 뫼들물이다. 목숨은 하나의 온울이다.

마음으로 보이는 있음은
마음의 이룸으로

있음은 하나의 마음으로 열린 마음이다.
있음과 마음이 하나로 열려 있다.
있음에서 보이는 마음은 있음을 이루는 움직이는 마음이다.
바탕과 뿌리에서 있음과 마음을 이루고 모습으로 나타난다.
보이지 않는 마음은 모습 속으로 열려 있다.
있음 속에 열린 빈처럼 열려 있다.

있음의 마음은 마음의 있음이다.
빈울 속에 움직임의 마음이 있음을 이루고 있다.
있음을 이루는 움직임은 목숨의 마음이 연 이룸의 마음이다.
있음이 있음은 마음이 있음이니 움직임도 열림도 마음이다.
빛도 어둠도 있음의 마음으로 마음의 있음이다.

보이는 있음은 마음의 모습이다.
마음이 모습을 이루고 모습이 마음을 이룬다.
빈울이 이룬 있음은 빈울이며 빈울이 이룬 목숨은 빈울로
온누리 있음과 목숨은 빈울로 열린 마음이다.
보이는 빈울은 나와 하나의 있음이며 하나의 마음이다.
빈울 속에 나는 빈울 있음의 마음이 이룬 마음이다.
온누리 뫼들물(자연)은 보이지 않는 마음을 담고
마음의 모습으로 있다.

보이지 않는 있음의 마음이 빈울에서 보인다.
빈울 속에 하나로 열려 있는 하나의 마음이
모습의 마음을 보여준다.
온울(우주) 온나의 누리는 빈울로 있음의 모습을
마음에 열어 새겨준다.
온누리 마음의 바탕인 빈울 빈의 거울에
온누리 모습이 마음으로 비친다.

있음의 마음은 빈울 속에 있고
빈울의 마음은 있음 속에 있다.
온울(우주) 있음이 서로를 이루고 있다.
온울의 있음은 빈울로 있고 빈울은 있음으로 있다.
다르게 보이는 하나의 누리는 하나의 마음을 이루고 있다.
있음으로 빈울이 열리고 빈울로 있음이 열린다.
온울의 이룸으로 열려있다.
있음은 빈울에서 보이고 빈울은 있음에서 보인다.
온울의 마음을 이루고 있다.
빈울과 있음은 온울을 이루는 하나로 온나다.

온누리는 모두 다른 하나의 마음이다.
마음은 모두 다른 하나의 있음이다.
온울을 이루는 서로 다른 목숨과 있음은
빈울 속에 하나로 열려 있다.
빈울의 있음으로 하나로 닿아 있다.
있음은 빈울의 누리에서 열리고 빈울은 있음의 마음으로
열린다.

있음의 마음과 목숨의 마음은 다르게 보이는 하나다.
바뀜과 다름은 하나를 이루는 퍼짐이며 이어짐이다.
하나의 온울(우주)에 마음이다.
있음은 목숨에게 다르게 보이고
목숨은 있음에게 다르게 보이는 마음이다.
목숨은 있음의 목숨이다. 있음은 목숨의 있음이다.
목숨과 있음은 서로 다르게 보이는 하나의 누리다.

마음의 다름에 길이 있으며 하나의 마음에 참이 있다.
마음의 참은 마음의 길로 이룩된다.
마음의 다름은 길을 보여주며 길을 알려 준다.
참을 이루는 길은 참을 깨우쳐 준다.
마음의 다름은 마음의 길이다.
하나의 마음은 마음의 참을 가리키고
마음의 다름은 마음의 길을 넓히고 열어 간다.
마음의 다름으로 길이 넓어져 하나의 마음의 참이 깊어진다.

작고도 작은 있음에 큰 마음이 있다.
끝없이 작은 있음은 끝없이 큰 마음에서 열린다.

목숨의 셈(수)이 있음을 연다.
셈은 있음을 여는 목숨이다. 셈의 열림이 마음의 있음이다.
있음의 마음이다. 셈은 열림의 있음이다. 있음이며 마음이다.
열림의 나타남이며 열림을 이루는 있음이다.
목숨의 있음은 셈의 누리로 나타난다.
마음의 있음이 셈으로 열린다.
열림의 마음에 있음이 셈으로 나타나며 있음을 연다.

온울은 셈(수)으로 열리고 셈으로 나아간다.
셈으로 열리는 있음은 마음이다.
마음은 셈으로 열려 셈은 마음을 이룬다.
셈과 마음으로 있음이 있다.
온울의 삶이 셈으로 열려 있다.
셈은 온울의 참을 이루고 있다.
온울의 셈은 보이는 마음이다.
보이는 마음이 보이는 삶이다.
온울의 삶이 셈으로 나타난다.

셈(수)은 온울(우주)을 이루는 마음이다.
마음의 있음이 보이는 있음을 열 때 셈으로 열린다.
셈은 마음의 이룸이며 마음의 있음이다.
셈의 뒤에 마음이 있는 마음의 글이다.
마음은 셈의 처음으로 셈은 마음의 있음이다.
보이지 않는 온울의 마음이 셈으로 드러난다.

셈(수)은 참을 열어 주고 길을 보여 준다.
셈은 참의 열림이며 길의 이룸이다.
셈의 없음에서 뜻이 열리고 셈의 있음으로 뜻이 보인다.
셈이 없으면 없음이 뜻이 되고
셈이 있으면 있음의 뜻이 된다.
뜻의 있음도 뜻이며 뜻의 없음도 뜻이다.

끝없는(무한) 누리로 셈(수)이 열려 있다.
온울(우주)의 끝없음으로 셈의 누리도 끝이 없다.
온울의 다름이 열려 있어 셈의 다름도 열려 있다.
누리의 길은 셈으로 퍼지는 누리다.
셈의 나타남과 사라짐, 바뀜과 다름
그리고 새로움으로 누리가 이어지고 퍼져 나간다.
온울의 길이 셈의 누리로 열려있다.
온울의 참이 셈의 글로 쓰여진다.

서로 다른 나는 하나의 나다.

나는 나만의 나를 이뤄 서로 다른 나가 됨으로
나만의 누리를 만들게 된다.
나만의 누리가 모여 두레가 되고 무리가 되고 울이 된다.
서로 다른 나가 어울려 온울의 이룸을 이루어 나간다.
서로 다른 나의 어울림으로
있음이 이루어지고 목숨이 퍼져나간다.
다른 나들의 어울림은 무리의 버팀목이 된다.
서로 다른 나의 뿌리는 하나며 나의 바탕은 하나의 나다.

한나는 때없는(영원) 마음이다.
한나는 참나며 참나는 나를 넘어선 나다.
나가 아닌 나인 한온이다.
때없는 마음은 마음이 아닌 마음이다.
때없이 알 수 없는 마음의 나다.
한온은 참을 벗어나 참이 없는 참의 누리다.
때없음이 없는 때없음에 한나는 나가 없는 나다.
한나의 누리는 있음이며 없음이다.

온나는 끝없는(무한) 마음이다.
온나는 온울을 열고 온누리를 이룸으로 온나의 열림과 이룸은
끊임없어 끝없는 마음으로 열려 있다.
온나는 나의 열림이며 있음이며 이룸의 나다.
나의 열림은 참과 하나로 나는 끝없이 마음으로 아루어진다.
끝없는 온나의 나를 이루는 마음은 끝없이 열린다.
온나는 끝없어 보이지 않는 마음이다.

온나의 빈울은 온누리로 나타난다.
온울(우주)의 온나는 빈울로 열려
별이 되고 하늘이 되고 온누리가 된다.
온누리의 뫼들물은 빈울로 열려 있는 온나의 마음이다.
빈울이 이루는 온누리의 마음으로 온나의 마음이 보인다.
온누리 뫼들물에게 빈울은 온나로 열려 있다.

빈울의 누리는 온울(우주)의 이룸이다.
빈울은 온울 이룸의 누리로 빈울은 온울의 마음으로
온누리가 되어 끊임없이 뫼들물의 온울을 연다.
빈울의 마음은 온울 온누리다.
온누리가 알게 되고 느끼게 된다.
온울의 이룸은 빈울의 열려 있는 마음으로 끝없이 이어진다.

빈울의 마음은 빈울이다. 빈울의 열린 있음이 마음이다.
빈울과 마음이 하나로 열려 있어 하나로 보인다.
빈울에서 열린 온누리 있음과 목숨에는 빈울의 빈이
들어있다.
있음과 목숨 속에 열린 빈울에 마음이 열려있다.
빈울이 빈울의 마음이다.

나는 빈울로 살고 있는 온나다.
빈울이 이룬 나는 빈울의 있음이며 목숨이다.
빈울이 나를 이루고 살고 있다.
나와 빈울은 하나로 온울을 이루는 온나다.
온울은 빈울로 온누리가 되어 온울의 이룸으로 나를 이루고
있다.
나는 빈울의 마음이니 빈울은 끝없이 나로 열려 있는 온나다.
나의 마음의 빈은 온나로 열린 빈울이다.

마음은 나를 따라가는 길이다.
마음은 나의 삶이니 끝없이 나를 이루는 길이다.
나를 이루려고 쉼없이 애쓰는 길이다.
마음으로 나는 넓어지며 깊어진다.
나가 하늘처럼 빈으로 열렸다면 마음은 깊은 바다처럼
출렁인다. 나는 하늘처럼 마음으로 넓어지며
짙푸른 바닷물같이 깊어진다.

온울 참이 마음을 이뤄 온울의 길이 된다.
온울의 삶으로 열린 마음이 온누리를 이루고 있다.
마음은 참의 열림이며 삶은 온울 이룸의 길이다.
나는 마음의 빛으로 온울을 밝히고 뜻을 새기며
끝없이 온울의 길을 간다.

온울(우주)누리의 마음이다. 온울누리로 열린 온울의 마음으로
온누리 뫼들물(자연)이 이루어 진다.
마음은 온울로 나타난 이룸의 참이다.
온울이 끝없이 온울을 이루는 목숨이다.
온울이 연 마음은 온울을 이루는 온울이다.

마음은 온울의 있음이며 온울의 나를 이루는 삶이다.
온울은 나로 이루어진 나다.
온누리의 모든 나로 끝없이 열리고
온누리의 모든 나가 온울을 이루어 나간다.
나밖에 모르는 저마다의 나로 온울이 아직 있음과 목숨을
느끼지 못하는 끝없이 작고 희미한 나로 이루어진다.
나를 이룸으로 온나의 온울을 이룬다.
나를 이루는 힘이 온울을 이루는 힘이다.

나에게 보이는 온울(우주)은 나의 마음에 비친 온울이다.
나는 나의 온울 누리로 열려 있어 온울에 하나로 열린
나의 누리로 온울의 모습을 본다.
한누리로 열려있는 온울은 한마음으로 닿아있다.
온울의 한마음으로 나는 온울을 보고 있다.
나의 마음에 보이는 온울은 나의 온울로 열린 모습이다.
온누리는 저마다의 누리로 온울이 보인다.

마음의 처음과 끝은 마음이 아니다.
마음이 열리는 나의 처음과 끝은 나가 아니다.
온울의 처음의 나의 누리는 온울과 하나다.
이때의 나의 마음은 온울의 뫼들물로 오랜 때를 지나며
끊임없이 이루어진 것이다.
이때에 나와 나의 마음은 마음으로 알 수 있게 이루어진
마음의 누리다.
마음의 처음도 끝도 마음이 아닌 마음이다.

나가 없음이 나며 마음이 없음이 마음이다.
나가 아닌 나로 열리고 마음이 아닌 마음으로 열린다.
나의 처음은 이때 여기의 나로는 알 수 없는 나다.
마음의 처음도 이때 여기의 마음에서는
마음이 아닌 마음이다.
이때의 나의 앎으로는 마음으로 여길 수 없는 누리다.

나의 누리는 마음의 빛으로 밝아진다.
나의 누리는 마음으로 열리고 마음으로 이룩된다.
마음은 나의 삶이다. 마음은 빛과 어둠 속을 살아간다.
마음의 빛이 밝으면 나도 밝아지고
마음이 어둠에 쌓이면 나도 어두워진다.
빛으로 열린 목숨의 삶은 빛의 밝음으로 이루어진다.

빛은 깨어 있는 마음이다.

빛은 모습을 이룬 목숨이다.
빛은 깨여 있는 마음으로 보이는 마음의 빛이다.
빛은 살아 있는 목숨으로 보이는 목숨이다.
빛은 빈울이 이룬 있음으로 보이는 있음이다.
빛은 참으로 열려 참을 이루는 참의 모습이다.
빛은 마음을 열고 마음의 빛이 되는 빛이다.

어둠은 잠자는 마음이다.
어둠은 잠자는 빛으로 마음의 빛이 되는 마음이다.
어둠은 빛의 때없음 끝없음으로
잠자는 나의 때없음 끝없음이다.
어둠은 빛으로 열리는 빛의 뿌리다.
빛이 열리지 않은 어둠은 어둡지 않은 맑음이다.

마음의 빈은 온울(우주)의 빈이다.
마음은 빈울에서 왔다가 빈울로 돌아간다.
빈울 속에 있음은 빈울과 하나로 열린 하나다.
빈울과 하나인 누리 속에 마음이 열려 있다.
마음에 열려 있는 빈은 온울이 하나로 연 빈이다.
빈의 마음은 보이는 온누리 뫼들물을 이루는
보이지 않는 뫼들물이며 온울의 온나다.

빈은 마음의 온이며 한이다.
빈은 온누리 뫼들물의 온이며 한이다.
빈은 빈울의 온으로 온울의 온이며 한이다.

마음을 비울 때 있음이 열린다.
마음을 비울 때 있음이 다가온다.
있음은 빈울에서 열린 빈울이며
빈울은 마음으로 열려 있는 마음이다.
빈울이 열려야 있음도 마음도 열린다.
있음과 마음은 빈울로 하나다.
비운 마음에 있음 속에 열린 빈이 마음으로 다가온다.
마음의 빈은 빈울로 열린 나다.

빈울은 마음으로 보이는 마음이다.
있음은 빈울로 열리고 빈울의 모습을 이뤄
빈울의 마음으로 보인다.
목숨도 빈울에서 열려 빈울을 살고 마음도 빈울에서 열려
빈울의 있음과 목숨이 보인다.
하나의 있음으로 열린 빈울은 하나의 마음으로
빈울은 마음이 보이는 마음이다.

있음은 마음이 보이지 않는 마음이다.
마음은 모습이 안 보이는 있음이다.
있음은 마음으로 열리고 마음은 있음으로 열린다.
있음과 마음은 하나다. 하나로 열리고 이루어진 하나다.
있음은 마음의 모습을 이루고 마음은 있음의 모습을 이룬다.
마음이 보이지 않는 있음의 모습이 마음으로 느껴지고
모습이 보이지 않는 마음이 있음으로 느껴진다.

나가 하늘이라면 마음은 바다다.
마음의 바다는 끊임없이 물로 채워지고
나의 끝없는 하늘을 담는다.
하늘은 나의 누리와 같고 땅은 마음의 누리와도 같아
나의 하늘은 늘 하나로 열려있고
마음의 땅은 온누리 뫼들물(자연)의 있음과
목숨의 삶으로 가득하다.

마음은 물과 같다.
고요한 물에 하늘이 비치고 달이 머문다.
마음은 깊은 바닷속과도 같다.
깊은 물길은 늘 흐르고 있고
얕은 물결은 바람따라 출렁거린다.

마음은 앎의 빛이다.

마음의 이룸은 앎의 이룸이다.
마음의 바다는 앎의 물로 채워진다.
앎은 마음을 이루고 마음은 나를 이룬다.
나는 마음으로 열려 앎의 빛을 이룬다.
나가 없는 마음은 목숨이 없고 마음이 없는 앎은 빛이 없다.

나의 마음에 앎은 온울을 이룬 앎이다.
나의 이룸은 온울의 이룸이다.
나는 온울(우주)을 이루고 있는 온울이다.
나의 마음은 온울의 마음이며 나의 앎은 온울의 앎이다.
끝없는(무한) 온울의 앎이 나의 앎을 열고 있다.
나의 앎은 온울이 이룬 앎이다.

나의 넓음은 마음에 있고 나의 깊음은 앎에 있다.
나는 마음으로 넓어지며 마음은 앎으로 깊어진다.
마음의 바다가 앎의 물로 채워지고
나의 하늘은 맑은 마음으로 넓어진다.
마음의 앎만이 나의 누리를 넓혀주고 깊게 열어준다.
나의 누리는 나의 울이다.

앎의 열림과 이룸은 끝남이 없다.
나의 열림과 마음의 이룸도 끝남이 없다.
앎의 새로움은 멈추지 않는다.
앎은 나의 참과 하나다.
나가 사라져도 나의 열림과 이룸은 끝나지 않는다.
이때 참이 없어져도 참의 열림과 이룸은 끝나지 않는다.
이때 여기에 있는 열림의 이룸은
때없음 끝없음으로 열려 있다.

온울(우주)의 빈울에서 앎이 열리고 사라진다.
빈울에서 나의 마음의 앎은 끊임없이 나타나고 사라진다.
별들이 끝없이 빈울에서 나타나고 사라지므로
별들로 열리는 나의 앎도 열리고 사라진다.
빈울은 온울로 열린 목숨과 있음의 마음의 앎이다.
빈울은 온울의 온나로 열려 있는 앎이다.

앎은 끝없이 참으로 열리는 참이다.
참으로 열리는 앎은 참의 이룸이 되어야 앎의 참이다.
나와 마음과 앎이 모두 참을 열고 참을 이루고 있다.
참을 벗어나면 앎은 앎이 아닌 죽은 앎이다.
참을 거스르면 앎은 어둠이 되어 사라진다.
앎의 빛이 사라지고 앎의 어둠이 된다.

앎은 끝없이(무한) 바뀌지만
참은 때없이(영원) 바뀌지 않는다.
있음은 끝없이 바뀌어도 없음은 바뀌지 않는다.
끊임없이 별이 태어나고 사라져도 빈울은 바뀌지 않는다.
앎은 참을 밝혀주고 참은 앎을 비쳐준다.

나의 앎은 끝없고(무한) 때없는(영원) 모름 속에 있다.
앎은 별이며 모름은 빈울이다.
앎은 빛이라면 모름은 어둠이다.
앎은 나의 빛이며 모름은 나의 어둠이다.
빛처럼 앎은 나를 밝히고
어둠처럼 모름은 나의 울을 둘러싸고 있다.

온울(우주) 속의 앎은 끝없이 바뀌더라도 온울은 하나다.
있음과 목숨에 따라 온울을 아는 것도 보는 것도
다 다를 수 있다.
마음과 앎은 있음과 목숨의 나에서 끊임없이 바뀌며
새로워진다.
온울 속의 있음과 목숨은 바뀌더라도
온울의 있음과 목숨은 하나다.

모름이 이루는 앎은 어둠이 낳는 빛이다.
빛과 어둠으로 앎과 모름이 있다.
앎과 모름을 빛과 어둠으로 보여준다.
어둠이 있어 빛이 있듯이 모름이 있어 앎이 있다.
앎과 모름은 온울의 있음과 없음이다.

참은 마음의 하나됨으로 열린다.
있음과 목숨은 나와 하나될 때 마음을 만난다.
온울(우주)에 하나될 때 온누리의 온나를 만난다.
나의 마음을 비워 온울에 하나될 때 참이 있다.
참에 하나 되어야 온울이 보이고
나와 하나될 때 나가 열린다.

하나인 마음을 앎으로
온누리의 마음을 만난다.

마음은 빈울처럼 모든 있음과 목숨 속에 열려있다.
마음은 마음으로 보이며 마음은 마음으로 만난다.
마음에 하나됨으로 마음이 열린다.
하나의 마음을 깨달음은 온누리의 마음을 앎이다.
마음을 앎에 하나의 마음을 깨우친다.

밝은 앎은 맑은 마음에서만 열린다.
맑은 마음이 아니면 앎의 밝음은 사라지고 만다.
그늘지고 흐려진 마음은 앎의 밝음을 무디게하고
다른 속셈을 숨기고 있는 거짓스런 마음은
밝은 앎을 어둡게 한다.
마음의 가림막으로 앎의 밝음을 가로막아선 안된다.

참은 삶으로 열리는 누리다.
있음과 목숨을 이루는 참은 있음과 목숨의 삶으로 알게된다.
참은 늘 앎의 믿음 밖에 열려 있어
앎의 믿음을 끝없이 손짓하며 부르고 있다.
끝있음으로 이루어지는 있음과
목숨 밖으로 열려 있는 끝없고 때없는 참의 누리다.

우리의 삶은 참의 믿음이다.
삶을 열어 준 참을 굳게 믿음이니
삶이 삶을 애씀은 삶의 참을 믿는 것이다.
참은 삶의 믿음이며 사랑이다.
참을 믿음은 삶의 믿음이 되고 나를 믿음이 된다.
삶은 참의 믿음 속에 있다.

마음과 믿음은 바뀌더라도 참은 바뀌지 않는다.
마음은 늘 바뀌지만 나는 바뀌지않으며
하늘과 땅은 바뀔지라도 참은 바뀌지 않는다.
먼 옛날의 나의 마음과 믿음이 여기 이때의 것으로
바뀌었음이 먼 앞날의 마음과 믿음도 새롭게 바뀔 것임을
가르쳐준다.
온누리 있음과 목숨의 끊임없는 바뀜 속에서 바뀌지 않는
참누리는 참나에서 열린 참마음이 이루는 참의 길이다.

믿음은 빛과 어둠의 마음이다.
빛으로 어둠이 열려 빛이 어둠으로 사라짐을 깨달음이다.
빛은 어둠의 사랑이나 어둠은 빛의 두려움이다.
나타난 있음은 사라질 있음이며
열린 빛은 어둠으로 닫힐것을 두려워 함이다.
믿음은 어둠이 빛이 되는 참을 지키고
빛이 되는 어둠을 깨달음이다.

믿음은 마음에 있고 참은 온울에 있다.
믿음은 마음 속에서 끊임없이 움직이는 마음의 참이다.
참과 믿음은 빛과 그림자와 같다.
믿음은 마음 속의 하늘이라면 참은 마음 밖의 하늘이다.
믿음은 때와 울에서 나오는 때없음 끝없음에의 마음이다.

마음의 깨달음은 믿음을 연다.
나를 이루는 마음은 저마다의 앎을 얻게 되며
나의 있음과 없음으로 믿음이 열린다.
삶이 괴롭고 힘들거나 참을 찾으려는 마음의 믿음은
나의 촛불이니 나를 밝혀주고 어두운 길을 비춰주는
밝음이다.

하늘의 믿음은 온울(우주)의 열림이다.
하늘은 마음을 열어주고 온울은 믿음을 내려준다.
하늘의 마음은 온울에 때없고 끝없는 숨겨진 놀라움의 누리를
열어준다.
하늘의 믿음이 온울을 열음으로
나의 얼이 온울의 온나에 하나된다.

하늘의 앎은 다를지라도 하늘은 하나다.
하늘의 깨달음은 다를지라도 하늘의 참은 하나다.
있음마다 목숨마다 저마다의 마음과 앎은 끝없이 열려 있다.
끝없이 다르게 바뀌며 퍼져 나가는 마음과 앎은
온울의 하나됨으로 참에 하나가 된다.

하나됨으로 믿음이 온울(우주)에 하나된다.
삶에 이룸인 믿음은 마음의 하나됨이다.
있음은 참에 하나됨으로 있으며
목숨은 온울에 하나됨에 살 수 있듯이
온누리의 이룸도 하나됨으로 이룩된다.
믿음의 마음은 참에 하나됨으로 이루어진다.
나를 비우고 하나됨으로 참의 믿음을 맑게 한다.
하나됨은 비움과 빌음을 이루고 나를 넘어선다.

삶을 살려 함은 삶의 믿음이다.
삶의 믿음은 온울의 참이다.
삶을 이루려고 애쓰는 것은 뫼들물이 스스로를 이루려함이며
온울이 온울을 이루고자 온 힘을 기울이는 참이다.
온울 온누리의 있음과 목숨은 삶의 믿음이다.

온울(우주)의 빈울은
온나의 마음으로 보인다.

온울 속의 모든 별들이 빈울에서 하나이듯이
온누리 뫼들물도 빈울 속에 하나로 열려 있다.
있음과 목숨 속에 열린 빈은 빈울과 하나로 닿아
온나의 마음을 이루고 있다.
저마다의 나에 이룸은 온나 이룸의 누리로 열려 있다.
빈울이 있음과 목숨이 되어 온나의 마음을 살고 있다.

마음의 빈울은 비움이다.
마음은 빈울로 비워지고 빈울로 채워진다.
빈울은 마음이 머물면서 마음 속에 열려 있다.
빈울은 마음의 비움이다.
마음의 빈이 비움으로 열리고 빈울은 마음 속에 때없는
비움이다.

빈 마음은 빈울과 하나다.
빈은 마음을 여는 마음이다.
빈으로 마음이 있어 마음은 빈울에 하나로 열려 있다.
빈은 나를 이루는 마음으로 나의 빈울은 끝없는 빈이다.
빈울은 마음을 빈으로 열고 나를 품고 있다.
내 마음의 빈은 빈울과 하나로 온울의 온나를 이룬다.

빈울은 나의 빎이다.
빈의 나는 끝없는 빈울 속에서 빎으로 이룩된다.
빈울 속에 나는 빎이다.
마음의 빈울은 나의 비움이 되어 빎으로 열린다.
때와 울의 나는 때없음과 끝없음을 열어주는
빈울의 빎 속에 있다. 온나의 빎 속에 있다.

빈울은 삶과 믿음의 하나됨이다.
빈울이 열어주는 빈의 비움과 빎은 하나됨으로
빈으로 열린 마음은 빈울 속에서 하나다.
빈울은 온누리에 하나의 참으로 열려 있다.
온울(우주)을 이루는 온누리는
빈울에서 열린 빈울의 있음과 목숨의 뫼들물로
빈 마음으로 빈울의 품에서 하나로 열려 있다.

빈울 열림은 목숨의 있음인 나의 열린 마음의 열림이다.
빈울은 있음을 여는 있음이며 목숨을 이루는 목숨으로
있음과 목숨의 마음을 연다.
있음의 마음으로 빈울이 보이고 빈울 속에 있음이 보인다.
목숨의 마음으로 빈울의 삶이 보인다. 빎의 얼로 열려있다.

때와 울은 빈울의 마음이다.
빈울에서 열리는 때와 울은 목숨의 있음으로
갈피처럼 빛살처럼 흩어진다.
온누리로 뫼들물로 떨림과 흔들림, 뭉침과 흐름으로
퍼져나간다.
보이지 않는 흐름이 보이는 흐름을 이룬다.
빈울은 때와 울의 마음이다.

참의 빛은 마음의 빛이다.
나는 참과 하나로 열려 참을 이룬다.
참의 빛은 나의 마음을 연다.
빛이 이룬 있음과 목숨의 마음은 빛의 이룸이다.
빛의 이룸은 온울의 이룸이다.

빛이 사라지면 어둠도 사라진다.
있음이 사라지면 없음도 사라진다.
온울이 없으면 참도 사라진다.
나가 사라지면 마음도 사라진다.

내마음은 끝이 있으나 나는 끝이 없다.
내삶은 끝이 있으나 목숨은 끝이 없다.
내이룸은 끝이 있어도 열림은 끝이 없다.

스스로 태어나는 목숨은 없다.

목숨을 앎으로 나를 연다.

나는 목숨의 있음이며 목숨은 나의 있음이다.
나를 앎으로 목숨을 안다.
목숨의 깨우침에서 나가 열리고 나의 깨달음으로 목숨이 열린다.
목숨으로 나가 있고 나로 목숨이 있다.

하나인 목숨은 나의 목숨으로 안다.
나의 목숨은 하나의 목숨에서 열려 있다.
온울(우주)의 빈울이 하나인 것처럼
하나의 온울은 하나의 목숨이다.
나의 한 목숨으로 온울의 하나인 목숨을 만난다.
하나의 목숨을 앎으로 목숨을 새롭게 깨닫는다.

열림이 목숨이다.
열림의 목숨이다.
빈울의 열림이 목숨이며 온울의 나타남이 목숨이다.
나의 열림이며 있음이 열림이다.
움직임이 목숨이며 나타나고 사라짐이 목숨이다.
온울의 이룸에서 목숨이 아닌 것이 없다.
목숨을 앎으로 온울의 온나가 열린다.

목숨은 나로 열린다.
목숨의 열림이 나며 나의 열림이 목숨이다.
온울의 열림은 나의 열림이며 목숨의 열림이다.
목숨은 나로 나타나고 나로 이룩된다.
나는 목숨으로 열려 목숨으로 있다.
열림은 목숨이 아닌 목숨이며 나가 아닌 나의 있음이다.
목숨도 나도 열림으로 있다.

목숨은 나의 목숨이다.
보이지 않는 목숨은 보이지 않는 나다.
나와 목숨은 하나로 열리고 하나로 닫힌다.
나의 있음이 목숨이며 목숨의 있음이 나다.
나는 목숨의 나다.
목숨의 나와 나의 목숨은
온누리의 뫼들물(자연)을 보여주고 온울의 앎으로 새겨준다.
뫼들물 속에 열린 나의 있음과 목숨이 이것을 알려준다.

온울(우주)의 처음의 목숨이다. 나의 처음의 목숨이다.
열림의 처음이 목숨의 있음이며 나의 있음이다.
열림은 나의 열림으로 나가 없는 목숨은 없다.
목숨은 나로 살고 있고 나는 목숨을 이루고 있다.
처음의 있음은 처음 나의 목숨이며
있음은 온울 온나의 목숨이다.
온울의 처음을 연 있음이 나의 목숨이며 나의 삶이다.
끝없음(무한)으로 나타난 목숨은 나로 열린다.
온울의 열림은 빈울에서 별로 태어나 목숨의 나를 연다.
목숨의 나는 끝없음에서 열려 끝없음으로 돌아간다.

나로 목숨은 때없이(영원) 나타난다.
목숨은 때없이 나타나는 목숨이며
나는 때없이 나타나는 나다.
하나의 목숨의 있음은 때없는 목숨의 있음이며
하나의 나의 열림은 때없는 나의 열림을 뜻한다.
목숨이 나로 열림은 목숨과 나는 하나이기 때문이다.
목숨은 나로 때없이 열린다.

목숨의 끝없음(무한)이 나의 끝없음이다.
목숨과 하나인 나는 목숨의 끝없음 속에 내가 있음을
깨닫는다.
여기의 목숨은 끝없는 목숨의 있음을 새겨준다.
이때의 나는 끝없는 나의 있음 속에 하나인 것을 알 수 있다.
목숨과 나의 끝없음이 온울에 열려 있음을 온누리 뫼들물이
가르쳐준다.

목숨의 때없음(영원)이 나의 때없음이다.
목숨의 깨달음은 목숨의 나와 하나인 온울의 때없음을
열어준다.
이때의 목숨은 온울과 하나로 때없음에서 열림을 알게 되며
나의 목숨을 열어준 온울 목숨의 때없는 누리를 목숨의 나로
가늠한다.
목숨의 때없음과 나의 때없음은 온울의 때없음에서 열린다.

목숨은 한나다.

온목숨은 한목숨이다.
온누리를 이루는 있음과 목숨이
여러 갈래로 퍼지면서 저마다의 누리를 이루고 있지만
온울(우주)을 이루는 하나의 있음이며 목숨이다.
온울은 온나다.
있음과 목숨은 나와 하나로 열리는 하나다.
온울의 온나는 한나며 온울은 한목숨의 한나다.
한목숨으로 한나가 아니면 온울이 될 수 없다.

나의 목숨은 마음이다.
나를 이루는 마음은 목숨의 삶에 있음이다.
목숨은 나의 마음으로 살고 있다.
마음은 나를 이루는 삶이며 나는 목숨을 이루는 삶이다.
나는 목숨의 있음이며 목숨의 삶을 이루는 나는 마음으로 이루어지는 마음이다.
목숨을 이루는 마음으로 온누리가 살고 있다.

나의 있음이 목숨의 이룸이다.
보이지 않는 목숨은 나의 있음으로 나타난다.
알 수 없는 목숨은 나의 삶으로 알려진다.
나는 목숨의 있음이다.
목숨의 삶이 나의 이룸이다.
목숨은 나의 있음이다.
나의 있음으로 목숨의 삶이 이루어진다.

온울(우주)이 나로 살고 있다.
나는 온울을 살고 있는 온울이다.
온울의 목숨이 나에 있다.
온울의 삶이 나에 있고 나의 삶은 온울에 있다.
나의 삶으로 온울의 삶이 끊임없이 나타난다.
나의 삶의 보람이 온울의 삶의 보람이 되고
나의 삶의 뜻이 온울의 삶의 뜻과 하나가 된다.

오랜 때울을 쌓고 온울(우주)의 목숨과 있음이 이때의
나를 이루고 때없음(영원)과 끝없음(무한)에서 열린
온울의 삶을 살고 있다.
이때 여기의 나에는 아주 오랜 때와 울이 겹쳐 쌓여 있다.
이때 여기에 나의 있음이 온울의 있음으로
이때의 나의 있음은 온울의 이룸이다.
온울의 뫼들물(자연)로 이룩된 온울 온나의 있음이다.

보이지 않는 목숨은 알 수 없는 목숨으로
보이지 않고 알 수 없는 빈으로 열린 빈울이다.
알 수 없고 드러날 수 없는 바탕과 뿌리의 목숨이다.
목숨의 바탕을 알 수 있고 목숨의 뿌리에 닿을 수 있는
목숨은 없다.
어둠의 끝에 닿을 수 있는 빛은 없다.
목숨의 바탕과 뿌리는 어둠처럼 때없는 끝없음이다.

목숨이 아닌 목숨은 나타나지 않는 목숨이며
나타날 수 없는 목숨이다.
목숨이 아닌 목숨은 때없음(영원)과 끝없음(무한)이다.
때없음은 때없이 나타남이 없고
끝없음은 끝없음으로 나타나지 않는다.

목숨은 사랑으로 열린다.
사랑은 목숨의 바탕이 되는 힘으로
목숨을 여는 마음의 빈울같은 힘이다.
목숨이 목숨을 지키려는 힘이며 내가 나를 이루려는 힘이다.
목숨은 사랑의 힘으로 이룩된다.
목숨과 사랑은 하나의 빛이며 하나의 참이다.
목숨의 하늘에서 내리는 사랑의 비가 가람이 되어
사랑의 바다를 이뤄 흐르고 있다.

목숨의 힘은 나의 힘이다.
사랑으로 열린 목숨이 나의 사랑에 바탕이다.
나의 목숨을 사랑하는 나의 힘이다.
목숨의 이룸인 삶은 사랑의 이룸이다.
삶은 사랑의 있음이다.
사랑은 목숨의 힘이며 목숨은 사랑의 힘이다.
목숨의 사랑이 나의 힘이며 삶의 바탕이다.
나의 힘은 목숨의 힘이다.
나와 목숨을 사랑하는 사랑의 힘이다.

나의 밝음과 어둠은
목숨의 앎에 있다.

삶의 빛과 그림자는 목숨의 깨달음에 달려 있다.
목숨의 앎은 목숨의 빛이다.
목숨을 모르면 목숨의 빛을 벗어나 나의 삶에 어둠만을
보게 된다.
목숨의 앎은 나와 삶의 빛을 연다.

목숨은 빛의 빛이다.
빛의 열림은 목숨의 열림이니
빛은 보이는 목숨이며 목숨은 보이지 않는 빛이다.
빛은 목숨의 있음이니 빛의 바탕과 뿌리는 목숨이다.
빛은 목숨의 참으로 나타난다.
빛의 있음과 목숨을 이루는 목숨은 빛의 빛이다.
빛은 목숨을 이루어 하나가 된다.
빛의 이룸이 목숨이다.

열림과 움직임이 목숨이며 나타남과 사라짐이 목숨이다.
목숨의 바탕으로 열림이 있으며 목숨의 뿌리로
움직임이 있다.
온울 온누리의 움직임이 목숨이다.
온울의 이룸과 바뀜도 목숨의 삶이다.
보이지 않는 목숨은
온누리의 이룸과 바뀜과 움직임으로 보인다.

목숨의 열림에서 있음의 뿌리를 본다.
목숨의 열림은 있음의 뜻을 열고
있음의 열림은 목숨의 뜻을 연다.
목숨으로 있음을 만나고 있음으로 목숨을 만난다.
목숨은 있음의 참이다. 있음을 여는 바탕은 목숨이다.
있음은 목숨의 참이다. 목숨이 열리는 뿌리는 있음이다.

목숨의 닫힘으로 나의 바탕을 만나게 된다.
목숨의 닫힘에서 나의 때없음의 누리와 마주친다.
목숨과 나는 하나인 것을 목숨의 끝에서 깨닫게 된다.
나의 닫힘으로 목숨의 바탕과 하나 된다.

목숨으로 목숨이 있다.
목숨의 없음은 목숨을 열지 않는다.
목숨에서 목숨이 열린다. 어쩌다 나타나는 목숨은 없다.
목숨의 바탕은 목숨이 아닌 것 같고
목숨의 뿌리는 목숨이 없는 것 같아도
목숨으로 열리며 목숨 같지 않은 모든 누리가 목숨이다.

있음의 이룸과 사라짐이 목숨이니
목숨에서 나오고 목숨으로 돌아간다.
목숨에서 열리고 목숨으로 닫힌다.
온울의 열림과 이룸에서 그 모든 누리가 목숨의 삶이다.
보이는 누리는 보이지 않는 온울 목숨의 이룸이다.

작디작은 뫼들물(자연)에 큰 목숨이 있다.
그늘지고 외딴 곳에도 눈부신 목숨들이 살고 있다.
있음이 작을수록 목숨이 크고 뫼들물은 작을수록 삶이 크다.
어둠이 깊을수록 빛은 밝다.
목숨의 가냘픈 불 빛 밖에는 끝없는 어둠이 도사리고 있다.

목숨마다 온울(우주)의 삶이 있다.
있음마다 온울을 이루고 있다.
저마다의 삶이 온울의 삶이다.
온울의 목숨은 작디작은 보잘 것 없는 저마다의 삶이 모여
이루어진다.
온누리에서 온울의 삶이 아닌 삶은 없다.
가냘픈 삶일수록 온울의 삶숨이 크다.

보이지 않는 작은 움직임이 온울(우주)의 목숨이며
알 수 없는 작은 흐름도 온울의 있음이다.
작은 삶이 큰 뜻을 열어주고
작은 깨달음에서 커다란 모름이 열린다.
아주 작은 떨림의 목숨이
끝없는(무한) 목숨의 뜻으로 열려 있다.

나의 밝음과 어둠은 목숨의 앎에 있다

뫼들물(자연)의 숨결은
나의 숨이다.

저마다의 작은 목숨들이 나의 뫼들물(자연)을 살고 있다.
나는 뫼들물을 이루고 살고 있는 뫼들물이다.
온울(우주)의 온누리에 열려 있는 뫼들물의 숨결은
온나로 열린 나의 숨이다.
나의 숨은 목숨의 있음이다.

뫼들물(자연)은 나 스스로인 뫼들물이다.
나는 뫼들물로 뫼들물을 보는 뫼들물이다.
나는 나를 이루는 나며
나는 끊임없이 나로 뫼들물을 이루는 뫼들물이다.
나 스스로움은 목숨으로 열린 삶이다.
온누리 뫼들물의 목숨으로 열려 있는 나의 삶이다.

나를 살고 있는 뫼들물(자연)이 온울(우주)이니
온울이 뫼들물을 이루고 나를 열고 있다.
온울이 뫼들물과 나를 마주 보고 있다.
서로를 열고 서로서로 마주본다.
뫼들물 속의 나와 나는 온울과 온나의 나다.
뫼들물과 뫼들물이며 목숨과 목숨이다.
뫼들물 속의 나의 삶으로 온울이 살고 있다.

뫼들물(자연)은 온울(우주)의 삶을 보여준다.
온울의 목숨이 뫼들물에서 꿈틀대며 움직이고 흐르고 있다.
보이지 않고 알 수 없으며 소리도 없이 흐르는 목숨을
온울은 뫼들물에서 보여준다.
소리를 들려주며 보여주며 알려준다.
뫼들물은 온울의 삶의 모습이다.

마음으로 보이는 뫼들물(자연)의 모습이 온울의 마음이다.
목숨의 마음은 목숨으로 보인다.
뫼들물의 목숨이 마음으로 열려 있다.
목숨은 마음으로 보이고 마음은 목숨으로 보인다.
목숨의 마음이며 마음의 목숨이다.
온울 속에 있음과 목숨은 온울의 마음이다.
마음으로 열려 마음을 이루고 있다.
하나의 목숨은 하나의 마음으로 보인다.

온나의 마음으로 온나의 삶이 보인다.
하나로 열린 마음은 하나로 닿아 있다.
온나의 마음이 이룬 뫼들물(자연)의 모습은
온나의 마음을 담고 있다.
온나의 마음으로 열린 하나의 마음으로
뫼들물의 마음이 보인다.
온울의 삶을 이루는 온나의 마음은 한 마음을 이루고 있다.

뫼들물(자연)로 온울(우주)과 나는 하나의 마음이다.
온울의 나는 뫼들물로 살고 있다.
하나의 뫼들물은 하나의 마음이다.
모든 마음은 하나의 뫼들물이다.
하나의 온울은 하나의 뫼들물이다.
끝없는 뫼들물은 하나의 온울이다.
나의 목숨은 온울의 목숨이며 뫼들물의 삶은 온울의 삶이다.
나는 온울과 하나로 뫼들물을 이루고 있는 뫼들물이다.

목숨의 이룸은 마음이다.
나의 목숨은 마음으로 열려 뫼들물(자연)을 이루고 있다.
뫼들물은 마음으로 끝없이 열려 있는 마음이다.
마음을 이루고 마음을 열고 있다. 마음으로 살고 있다.
뫼들물의 있음은 마음의 있음이며 뫼들물의 모습은
마음의 모습으로 마음이 이룬 나의 모습이다.
마음의 이룸은 빛의 이룸이다.

마음의 빛은 앎이다.

목숨의 나는 참과 하나로 앎과 하나며
앎은 나와 하나로 열린다.
목숨의 나를 이루는 마음의 빛은 앎의 빛이다.
앎의 밝음은 어둠을 밝혀주는 빛의 밝음이다.

목숨의 앎은 모름 속에 있다.
온울(우주) 있음이 빈으로 열리듯이 앎은 모름 속에서 열린다.
빛이 어둠에서 열리듯이 앎은 끝없는 모름에서 나타난다.
목숨의 빈은 앎의 모름과 하나로 있다.

빛과 어둠 뒤에 목숨이 열려 있다.
빛이 열리고 사라지는 어두운 빈울이 목숨으로 열려 있다.
때없음(영원)과 끝없음(무한)이 빈울에 닿아있다.
빛과 어둠으로 목숨이 나타나고 사라진다.
어둠 속에는 끝없는 빛이 숨어 있고
빛의 밖에는 때없는 어둠이 열려 있다.

있음과 없음으로 목숨이 있다.
나타남과 사라짐이 끝없이 거듭됨이 목숨이다.
있음과 없음은 목숨의 들숨과 날숨이다.
있음과 없음이 목숨이며 목숨의 있음과 없음이다.
목숨은 있음을 이루고 없음으로 돌아간다.

목숨은 온울(우주)있음이니 온울있음은 목숨으로 이뤄진 목숨이다.
목숨을 벗어난 있음은 없다.
온울 속 빈울을 떠도는 먼지도 온울목숨의 있음이다.
온울의 열림이 목숨으로 온울의 온누리가 목숨의 있음이다.

마음은 나의 있음이다.
마음은 목숨의 나로 열려 나를 이루는 나의 삶이다.
나의 참은 마음의 길로 이룩된다.
마음은 나를 이룸으로 목숨을 이룬다.
온누리의 있음과 목숨이 마음의 앎으로 살고 있다.
목숨의 있음이 마음으로 열려 있다.

있음은 목숨의 모습이다.
있음의 목숨은 목숨으로 본다.
있음을 이루는 목숨을 안다.
있음과 목숨은 하나로 열리고 하나를 이루는 온울(우주)이다.
목숨의 있음을 알고 목숨은 있음의 목숨을 안다.
있음은 목숨으로 이뤄진 모습이며
온울은 목숨의 있음으로 이뤄진 삶이다.

있음은 나의 목숨이다.
목숨은 있음으로 열려 있음은 목숨으로 있다.
나의 목숨의 열림이 있음이며 참의 열림이 있음이다.
목숨으로 열리며 열림은 이미 있음이다.
있음은 목숨의 이룸이다.
있음은 목숨의 있음이며 나의 있음이다.

있음은 보여도 목숨은 보이지 않는다.
목숨은 있음으로 나타나고 있음으로 보인다.
있음의 목숨으로 보인다.
있음의 목숨으로 열려 목숨을 드러낸다.
보이는 있음은 보이지 않는 목숨이다.
목숨은 나의 있음을 이룸이며
온울의 열림도 온울의 있음을 이룸이다.

있음은 목숨의 삶이 이룸이다.
목숨의 삶은 있음으로 이루어진다.
온누리의 있음은 목숨의 삶이다.
목숨의 참이 있음의 길로 이룩되며
목숨의 뜻이 있음의 모습으로 나타난다.
있음은 목숨의 뜻이다.
삶의 있음으로 목숨의 길이 열려 있다.

있음의 목숨은 목숨의 있음이다.

참의 있음이며 나의 있음이다.
목숨의 있음은 온울의 삶이다.
있음은 나타나는 삶이며 보이는 목숨의 있음이다.
나의 있음은 목숨의 삶이다.
있음의 목숨으로 목숨의 삶과 나의 있음이 이어진다.

목숨은 있음의 빈울로 열려 있다.
온울(우주)의 빈울은 목숨의 빈울이다.
끝없이 별들이 나타나고 사라지는 빈울이 목숨이다.
보이지 않는 빈울이 목숨의 있음이다.
빈울의 목숨이 별의 있음을 이루고 있다.

있음으로 목숨을 만나게 된다.
있음의 모습으로 목숨의 이름을 보게 된다.
나의 있음으로 나의 목숨을 만난다.
목숨은 있음으로 열리고 있음은 목숨으로 나타난다.
목숨으로 열려 목숨을 이루는 있음이다.
목숨으로 있음을 만나게 된다.

작은 있음 속에 큰 삶이 있고
아주 작은 있음에 끝없는 목숨이 열려 있다.
아주 짧은 삶에 때없는 목숨이 살고 있다.
보이지 않는 작은 있음에 때없고 끝없는 참이 열려 있다.

아주 짧은 목숨이 때없는(영원) 목숨으로
목숨은 때없음에서 열린 때없음이다.
아주 짧은 목숨을 이루려 때없음이 열린다.
때없음의 목숨으로 목숨이 있다.
목숨은 때없음으로 있다.

아주 작은 있음이 끝없는(무한) 있음으로
보이지 않는 목숨이며 끝없는 목숨이다.
아주 작은 있음을 열고자 끝없음이 열린다.
있음은 끝없음이 연 끝있음이다.
끝있음은 끝없음을 열어주고 끝없음은 끝있음을 이룬다.

있음으로 목숨을 깨닫는다.
목숨이 있음을 이루어 목숨을 보여주며 나를 알려준다.
있음은 목숨을 이루는 길이다.
있음은 목숨의 있음이다.
있음으로 목숨이 열려 있다.
온누리는 목숨의 있음을 새겨준다.

있음과 목숨은 믿음과 사랑이다.
있음은 있음을 믿고 목숨은 목숨을 사랑한다.
있음은 온울(우주)의 있음을 믿음이다.
온울의 있음이 참온의 있음임을 믿는다.
목숨은 온울을 사랑한다.
온울의 목숨이 한온의 사랑임을 믿는다.

나의 있음은 믿음으로 온울(우주)을 굳게 믿고
온누리 뫼들물(자연)을 믿음이다.
나의 삶은 있음을 믿고 있다.
믿음의 있음으로 있음을 이루고 있다.
때와 울의 있음의 믿음으로 때없음 끝없음을 믿고 있다.
나는 나를 믿음으로 살고 있다.

나의 목숨은 사랑이니 목숨의 마음은 사랑의 목마름 속을
헤매는 그림자다.
나는 짙은 안개 속같은 뫼들물의 사랑의 누리를
하염없이 가고 있다.
나를 사랑하고 온울을 사랑하는 마음의 삶을 이어가고 있다.

마음은 목숨의 삶을 열고 목숨의 있음으로 마음을 이루고
있다.
마음은 목숨의 삶으로 나를 이루고 있다.
나의 목숨의 삶은 마음의 울로 있다.
마음의 울에서 목숨을 만나며 나를 만난다.
마음의 있음인 온나로 온울을 이루는 나의 목숨의 삶이
열려 있다.

목숨의 마음으로 목숨이 보인다.
목숨을 볼 수 있는 마음이 목숨의 이룸이다.
하나인 목숨은 하나의 마음이 열린다.
목숨의 앎이 목숨의 있음을 깨닫는다.
목숨으로 있음의 목숨을 본다.
있음이 있음을 보며 목숨이 목숨을 본다.
나가 나를 이루고 나를 본다.

목숨은 서로 다른 하나의 삶이다.
목숨의 다름은 다름이 아니다.
있음과 목숨의 다름은 목숨의 누리가 다를 뿐이다.
있음의 이룸이 다를 뿐이다.
삶은 모두 다른 하나의 삶이다.
빈울의 별들은 모두 다른 하나의 온울(우주)이듯이
목숨은 서로 다른 하나의 있음이다.
있음은 목숨의 있음을 이루고 있다.
목숨은 있음의 목숨을 이루고 있다.

다름으로 누리를 이루며 끊임없는 바뀜으로 이어진다.
목숨의 열림이 온울의 참이라면
목숨의 흐름은 온울의 길이다.
목숨의 이룸은 참의 이룸이다.
온울(우주) 있음의 흐름은 목숨의 이룸이다.
목숨은 다름으로 깊어지고 있음은 바뀜으로 넓어진다.

목숨은 서로 서로 기대어 있다.
하나의 목숨으로 이어져 어우러지며 있음을 이루고 있다.
나만의 있음이 없고 나만의 목숨은 없다.
있음은 서로가 서로를 이루고 있다.
하나의 있음으로 열려 저마다의 있음으로 서로의 있음을 이루고 있다.

온누리는 목숨의 바다다.

목숨의 바다는 하늘로 열려 있고
목숨의 하늘은 별들의 빈울 속에 들어 있다.
빈울이 별이 되어 온누리를 이루고 있다.
온누리는 목숨의 삶을 살고 있다.
온누리는 끝없는 목숨 가운데 하나로
때없는 목숨의 흐름 속에 하나다.
처음도 끝도 없는 목숨이다.

목숨은 있음으로 목숨을 새겨준다.
목숨이 연 있음의 이룸으로 목숨의 있음을 보여준다.
목숨의 이룸은 있음으로 목숨의 참을 이루고 있다.
있음은 목숨의 참의 있음이다.
있음은 목숨으로 있음을 밝혀준다.
목숨을 이룬 있음이 목숨의 길을 열고 있다.
있음의 이룸은 목숨의 이룸이며 있음의 길로 열려 있다.
목숨은 있음의 참이다. 있음은 목숨의 길이다.
목숨과 있음은 하나로 온울을 이루고 있다.

온누리는 목숨의 모습이다.
온울(우주)은 목숨이 이룬 목숨의 모습이다.
빈울이 이루는 있음의 모습은 목숨으로 열린 빈울의
모습이다.
온누리는 목숨의 있음이며 목숨의 이룸이다.
온누리는 있음의 모습이다.
온울은 있음이 이룬 있음의 모습이다.
빈울로 열린 목숨의 모습은 있음을 이룬 빈울의 모습이다.
온누리는 있음의 목숨으로 있음의 이룸이다.
목숨은 있음이며 있음은 목숨이다.
있음과 목숨은 하나로 열린 하나다.

때없는 목숨은 끝없는 삶을 연다.
끝없는 삶은 끝없는 마음으로 열려 있음을 이룬다.
끝없는 있음의 모습으로 때없는 목숨의 마음을 만날 수 있다.
하나하나의 있음 속에 목숨의 마음이 들어있다.
목숨의 있음은 삶의 있음이다.
삶의 있음은 목숨의 이룸이다.

온누리는 나의 모습으로 나로 열려 있는 마음의 삶이다.
나가 열려 나를 이루는 누리다.
온누리는 나의 있음의 모습이다.
나는 온누리의 있음 속에서 온누리의 삶을 살고 있다.
나는 온누리의 모습으로 살고 있다.
온누리는 나의 마음으로 열려 있다.

때없고(영원) 끝없는(무한) 열림과 닫힘이 목숨의 삶이다.
온울(우주)의 있음과 없음이 온울의 목숨이다.
온누리의 나타남과 사라짐이 온울의 삶이라면
온울의 나타남과 사라짐은 때없음과 끝없음의 삶이다.

목숨의 열림으로 목숨의 뿌리에 다가간다.
목숨은 없음의 있음인가?
목숨의 뿌리는 끝없음(무한)을 보여준다.
빈울로 끝없이 열린 하늘의 빈이 다가온다.

목숨의 닫힘에서 목숨의 바탕을 가늠한다.
목숨은 있음의 없음인가?
목숨의 바탕으로 때없음(영원)이 떠오른다.
빛도 온누리도 모두 사라진 때없는 어둠이 열린다.

나는 목숨의 바탕에서 열린다.
목숨의 바탕에 닿을 때 나를 만난다.
목숨과 내가 하나임이 드러날 때 나의 바탕도 열린다.
목숨과 나와 하나인 참이 열어준다.
목숨도 나도 참과 하나로 열린다.
목숨을 만나지 못하면 나도 만나지 못한다.
목숨을 만날 수 없으면 나도 만날 수 없다.

목숨은 나의 뿌리로 하나가 된다.
나의 뿌리는 끝없는 빈인 목숨의 바탕에서 열린다.
나의 깨어남이 목숨의 열림으로
목숨의 깨어남이 나의 열림으로 때없음 끝없음이 열린다.
목숨도 나도 참의 빛처럼 어둠으로부터 떠오른다.

보이는 목숨은 보이지 않는 목숨으로 돌아간다.
보이는 있음은 보이지 않는 있음으로 돌아간다.
별은 빈울로 사라지고 빛은 어둠으로 사라진다.
나는 온울로 돌아가 나가 보이지 않는 온울의 온나에
하나가 된다.

목숨은 삶과 죽음 뒤의 때없음(영원)과 끝없음(무한)으로
열려 있다.
삶과 죽음 밖에 목숨이 있다.
열림과 닫힘, 있음과 없음을 벗어나 목숨의 바탕과
뿌리가 있다.
빛은 사라져도 빛은 없어지지 않는다.
목숨은 사라져도 목숨은 없어지지 않는다.
태어나는 목숨은 목숨의 빛을 열고 사라지는 목숨은 목숨의
어둠을 연다.

온울(우주)은 하늘로
별과 땅의 목숨을 품고 있다.

하늘은 온울의 목숨으로 열려 빈울 속 별과 땅의 온누리에
뫼들물(자연)의 삶을 이루고 있다.
온누리 뫼들물은 온울의 삶으로 온울의 온나의 목숨이
하늘의 품에 열려있다.

목숨의 마음이 하늘에 열려 있다.
하늘은 별과 땅의 목숨에 마음을 이루고 온누리의 마음으로
살고 있다.
온누리 뫼들물 속속들이 하늘에 들어 있다.
목숨의 있음이 하늘과 하나로 이루어져
목숨 속에 하늘이 마음의 빈으로 열려 있다.

목숨이 없는 하늘은 없고 하늘이 없는 목숨은 없다.
목숨에는 하늘이 들어 있고 하늘에는 목숨이 열려 있다.
목숨은 하늘과 함께 열리며 하늘도 목숨과 하나로 열린다.
목숨이 하늘을 열고 목숨의 하늘을 이루고 있다.
별과 땅의 목숨으로 하늘이 열려 있다.

하늘은 목숨의 참으로 목숨의 참과 길을 모두 담고 있다.
목숨은 하늘과 똑같이 열리는 있음과 없음이다.
있음으로 열리고 없음처럼 사라진다.
하늘은 목숨과 하나로 빛과 어둠이다.
빛으로 나타났다 어둠으로 닫힌다.

빈울은 하늘의 하늘이다.
하늘은 빈울이 별을 이루고 이를 품고 있는 빈울이며
별과 하늘이 모두 빈울로 있는 빈울이다.
빈울은 끝없는 별을 품고 있는 끝없는 하늘이다.
별과 함께 하늘을 열고 별을 살고 있다.

별과 땅은 온울의 목숨을 보여준다.
알 듯 모를 듯 한 목숨이 숨쉬고 있는 온울의 있음을
새겨준다.
별과 땅은 목숨의 이룸으로 빈울 속에 별의 모습은
목숨의 모습이다.
별은 목숨으로 빛나고 있고 땅에는 목숨의 바다가
일렁이고 있다.
빈울 속에서 태어나고 사라지는 별들은 온울의
삶의 모습이다.

땅은 모두 마음이다. 땅은 끝없는 목숨을 품은 마음이다.
땅은 끊임없이 새로운 목숨으로 열리며 새로운 마음이 된다.
땅의 흙은 목숨의 덩어리다.
목숨의 흙은 마음의 흙이며
흙에서 태어나는 모든 목숨은 마음의 목숨이다.

별은 모두 목숨이다.
때없는 목숨이 별로 태어난다.
온울(우주)의 목숨이 별로 나타난다.
빈울이 별로 열려 있고 별이 빈울로 열려 있다.
빈울과 별이 목숨의 있음을 이루고 있다.
빈울과 별은 하나의 목숨이며 있음이다.
온울은 빈울과 별의 이룸이니
빈울 속에 별들이 온울의 목숨으로 열려 있다.

별은 하늘에서 숨을 쉰다.
하늘은 별로 숨을 쉰다.
하나의 있음으로 살며 하나로 숨을 쉰다.
별은 하늘에 마음을 열고 하늘의 마음으로 온울(우주)의 삶을 살고 있다.
하늘이 온울의 마음으로 별에 열려 있다.

빈울은 끝없고 때없는(영원) 목숨의 마음이다.
나의 마음을 연 참의 모습이다.
빈울은 온울(우주)의 참과 길로
참은 빈으로 열려 보이지 않으며
길은 빈으로 온누리를 이루고 있다.
빈울은 끝없고 때없는 있음의 모습이다.
보이는 있음이 끊임없이 나타났다가 사라지는 빈울은
보이지 않는 있음의 모습이다.

온울(우주)의 목숨은 빈울로 하나다.
보이지 않는 빈울은 끝없는(무한) 목숨이다.
알 수 없는 빈울은 때없는(영원) 목숨이다.
빈울이 온누리의 있음이 되어 목숨을 열고 있다.
온누리는 빈울의 목숨을 이루며 살고 있다.
있음도 목숨도 빈울 속에 빈울로 열려 있다.
빈울로 모든 목숨이 열려 있다.
온울의 목숨은 빈울로 움직이는 목숨이다,
빈울로 끊임없이 나타나고 사라진다.
온울은 살아 움직이는 빈울이다.
빈울은 끝없는 온울의 목숨이다.

빈울로 있음이 있고 빈울로 목숨이 열린다.
있음은 빈울의 있음이니 빈울의 이룸이다.
목숨은 빈울의 목숨이니 빈울과 하나의 목숨이다.
빈울이 목숨의 있음과 모습을 이루고 있다.
있음과 목숨은 빈울의 있음으로
온누리와 뫼들물의 모습은 빈울로 이루어진 빈울의 모습이다.

목숨의 스스로움(자유)이 빈울로 열려 있다.
빈울은 목숨의 스스로움으로 열린 목숨이다.
때와 울이 목숨으로 열려 있다.
빈울의 빈이 하늘의 빈으로 누리에 열려 온누리를
이루고 있다.
빈울 속에서 목숨은 나의 스스로움이며 삶의 스스로움이다.

끝없는 온울(우주)은 보이지 않는 빈의 목숨으로 열려 있다.
빈울은 목숨의 빈이며 나의 빈이다.
빈울의 빈은 온누리 있음과 목숨을 이루고
나의 마음의 빈으로 살며 온울 있음을 이루고 있다.

빈울은 마음의 이룸이다.
마음에 열려 있는 빈울은 마음의 있음으로
온누리의 나는 빈울의 마음으로 열려 있다.
빈울의 열림은 목숨의 열림이며 마음의 열림이다.
목숨이 열린 빈울이 목숨의 마음을 이루고 있다.
빈울은 목숨과 마음으로 끝없이 열려 있다.

목숨은 마음의 모습이다.

나의 모습은 마음의 있음으로 이루어진다.
목숨의 마음이 있음의 모습으로 나타난다.
목숨으로 이루어지는 있음은 목숨의 마음이 이루는 모습이다.
있음을 이루는 목숨의 모습은 나의 모습이다.
온울(우주)로 열린 나의 있음에 모습이다.

목숨이 아닌 목숨이 목숨으로 열린다.
보이지 않는 목숨이 보이는 목숨으로 나타난다.
알 수 없는 목숨이 알 수 있는 목숨을 이룬다.
목숨이 아닌 목숨에서 목숨이 열린다.
목숨의 목숨은 때없음과 끝없음 속에
목숨이 없는 목숨의 누리로 열려 있다.

온울(우주)이 없는 온울이 온울로 나타난다.
없음에서 열린 온울이 온울로 나타난다.
있음이 아닌 있음이 있음의 누리를 이룬다.
온울의 온울은 온울 넘어로 열려있다.
온울 밖의 온울은 있음과 목숨이 닿을 수 없는 온울이며
때없음(영원)과 끝없음(무한)으로 있다.

목숨은 온울(우주)을 살고 있다.
온울은 목숨의 뿌리며 목숨의 삶이며 있음이다.
목숨의 바탕과 온울의 바탕이 하나다.
온울과 목숨은 하나로 열리고 하나로 나타나는 하나다.
목숨으로 나타난 목숨의 온울이 목숨을 이루고 있다.
목숨이 아니면 온울이 없다. 온울이 아니면 목숨은 없다.
온울은 목숨에서 나타나고 목숨으로 사라진다.

목숨의 무거움이 온울(우주)의 무거움이다.
목숨을 가볍게 여기는 만큼 온누리는 가벼워진다.
목숨을 깨달을 때 비로소 목숨의 무거움이 열린다.
온울의 무거운 깊이는 목숨의 앎으로 열린다.

목숨은 온울(우주)의 참이다.
때없는 목숨에서 온울은 나타나고 사라진다.
온울의 있음과 없음이, 열림과 닫힘이,
삶의 있음과 사라짐이 목숨이다.
목숨과 하나로 참이 열려 목숨의 삶은 참의 이룸이다.
끝없는 있음에서 온울이 열린다.

목숨으로 열린 온울(우주)이 목숨으로 보인다.
온울의 목숨으로 온울이 보인다.
목숨의 마음에서 목숨의 온울을 깨닫는다.
목숨으로 열려 목숨의 참을 깨우친다.
앎의 빛으로 앎이 밝혀진다.
온울의 마음이 열려 온울의 마음에 하나된다.

온울(우주)은 목숨의 모습이다.
보이지 않는 목숨이 온울의 모습으로 나타난다.
온울 있음의 모습은 목숨의 모습이다.
보이지 않는 있음이 온누리의 모습을 이룬다.
있음의 열림이 목숨이며 목숨의 열림이 있음이다.
있음 목숨이 하나로 열리고 닫힌다.
목숨은 온울의 있음이다.

온울(우주)은 목숨의 글로 쓰여진다.
목숨으로 보이고 목숨으로 읽혀진다.
목숨의 마음에서 목숨의 뜻으로 새겨진다.
온울은 목숨의 참으로 이룩된다.
목숨의 깨달음으로 이룩된다.
온울의 삶은 목숨의 글집이니
목숨으로 열려 목숨을 이루고 있음의 마음으로 온울의 뜻을 적어나간다.
온울의 목숨은 온울의 있음으로 새겨진다.

목숨으로 온울(우주)의 힘이 열리니
목숨에서 나와 목숨으로 움직인다.
작은 있음의 힘도 온울의 힘도 목숨에 있다.
있음의 이룸도, 삶의 애씀도 모두 목숨의 힘이다.
목숨의 살고자 하는 애씀이 온울을 이루는 뿌리의 힘이다.
목숨의 힘은 나를 이루려는 마음의 힘이다.

목숨으로 참을 안다. 참인 목숨으로 깨우친다.
참이 목숨을 열고 목숨이 마음의 거울에 참을 비쳐본다.
목숨의 나는 참을 깨우치는 참이 된다.
참의 목숨과 나는 하나로 열리고 하나를 이루는 하나다.
온울은 목숨의 마음으로 온울의 참을 비쳐본다.

목숨의 마음은 참을 비치는 거울로
참의 해가 마음의 달에 비친다.
목숨이 참이며 마음은 참의 거울이다.
목숨의 참을 깨달아 목숨의 빛을 열며
마음의 참을 앎으로 마음이 길을 이룬다.

목숨은 끊임없이 목숨을 보여준다.
온누리의 있음으로 목숨을 가르쳐 주며
삶과 죽음에서 목숨을 새겨준다.
나의 앎으로 끝없는 물음을 열어준다.
온울(우주)의 모습으로 목숨의 마음을 보여준다.
뫼들물로 뫼들물에게 목숨을 알려준다.

온울(우주)은 빈울로 있음의 목숨을 비춘다.
빈울 속에서 빛나는 별들의 목숨을 보여주며
온울의 목숨을 별빛으로 알려준다.
모든 있음의 목숨은 빈울 속에서 보인다.
빈울이 마음으로 열리면, 있음은 목숨의 모습으로 보인다.
빈울은 목숨과 마음의 눈을 연다.

목숨은 온울(우주)의
때없음(영원)끝없음(무한)이다.

태어난 목숨은 사라지고, 나타난 있음은 없어지며,
빛은 언젠가는 어둠으로 돌아간다.
온울의 있음을 연 목숨은 사라져도
없어지지 않는 때없음 끝없음으로 있다.
온울의 열림은 때없는 열림과 끝없는 있음을 말해준다.

목숨은 목숨을 깨닫는다. 목숨에서 목숨을 알 수 있다.
있음의 목숨을 알게 되고 목숨의 모습을 보게 된다.
목숨으로 목숨을 볼 수 있어 목숨의 누리를 넓고 깊게 열 수 있다.
목숨을 깨달아야 목숨의 참을 만날 수 있으며
온울의 목숨을 이룰 수 있다.

목숨의 깨달음은 온울의 깨달음이다.
목숨의 이룸은 온울의 이룸이며 목숨의 앎은 온울의 앎이다.
목숨의 참이 온울로 있고, 온울의 참이 목숨으로 있어,
이는 하나의 참이며 앎이다.
목숨의 깨달음은 나의 마음을 열고 온울 이룸의 길로 열린다.

목숨의 빛 속에 참이 있다.
참은 목숨의 빛으로 밝혀진다.
목숨의 앎으로 참이 열리고 참의 깨우침으로 목숨을 안다.
목숨의 눈으로 참이 보여 마음 속에 뜻으로 새겨진다.
목숨의 빛은 마음의 앎이다.
목숨의 앎은 온울의 이룸을 이루는 길을 연다.

목숨이 어리석으면 목숨을 보지 못하고,
있음이 어리석으면 있음을 알지 못한다.
빛은 빛이 아닌 어둠을 보며, 어둠은 어둠을 모른 채
빛만 본다.

참이 목숨으로 살고 있다.
참과 목숨은 하나로 열리는 하나다.
참이 목숨을 이루고 목숨이 참을 이루고 있다.
목숨의 삶은 온울 참의 삶이다.
목숨을 가볍게 앎은 참을 가볍게 여김이다.
목숨을 모르고 있다면 스스로를 알지 못함이다.
참을 잘못 알게 되면 목숨도 잘못 알 수 있다.
목숨은 참으로 살고 있다. 목숨이 참을 이루고 있다.

목숨으로 참이 열려 있다.
참은 목숨 속에 있고 목숨은 참으로 있다.
목숨의 열림과 이룸은 참을 열고 참을 세우는 길이다.
목숨으로 참이 열리고 참을 이루게 된다.
목숨으로 참이 있다. 참이 목숨이다.

나의 참은 목숨의 참으로 지켜진다.
나가 없는 목숨이 없고 목숨이 없는 나가 없다.
나와 하나인 목숨은 나의 삶이다.
나를 이루는 것은 목숨의 참이다.
목숨의 참을 지킴으로 나를 지킬 수 있다.
목숨은 나를 지키는 힘이다.
참은 나를 이루는 길이다.

목숨의 참만이 온울(우주)을 지켜준다.
목숨의 참이 무너지면 온울과 온나의 참이 무너진다.
목숨의 온울은 목숨으로 지켜진다.
목숨은 참을 이루고 참을 지킨다.
목숨의 온울은 목숨의 나를 알려주고 모습을 보여준다.

목숨은 내가 만나는 온울(우주)이다.

목숨은 온울의 삶이다.
온울은 내가 만나는 목숨이다. 온울은 목숨의 모습이다.
뫼들물의 목숨으로 온울을 만나고
온누리의 있음으로 온울의 모습을 보게 된다.
온누리의 삶에서 온울의 삶을 마주한다.
삶을 사는 목숨의 마음으로 온울의 마음을 만나게 된다.

목숨은 나와 하나로 온울(우주)은 목숨의 나로 나의 목숨이다.
나를 이루는 목숨이 온울이며 온울은 나와 목숨의 있음이다.
나의 목숨은 마음의 삶으로
온울은 나의 마음을 이루고 있는 나의 모습이며
마음의 모습이다.

나는 온울(우주)의 마음을 살고 있다.
온울의 온나는 한나로 온누리의 마음을 이루고 있다.
온울이 하나로 있음은 한마음의 누리다.
온누리에서 나만의 있음이 없듯이 나만의 마음도 없다.
나는 온울을 이루는 온울의 마음으로 살고 있다.

나는 참을 이루는 참이다.
나는 목숨으로 함께 열린 참의 있음이다.
있음은 참의 있음이며 목숨의 있음이며 마음의 있음이다.
참이 아닌 있음은 없다.
참을 벗어난 목숨도 마음도 없다.
목숨도 나도 참을 이루고 있는 참이다.

목숨의 참은 어떤 것으로도 허물 수 없으며,
온울의 있음은 어떤 있음으로도 벗어 날 수 없다.
온울의 길에 있으니 온울의 길을 가야 하며
온울의 참으로 열렸으니 온울의 참이 되어야 한다.
온울은 목숨의 참으로 열린 목숨의 있음이다.

목숨은 사랑으로 열린다.
목숨의 바탕과 뿌리는 사랑의 이룸이다.
이름모를 작은 풀의 새싹도 하늘과 땅의 사랑으로 돋아난다.
온누리 뫼들물의 삶은 온울의 사랑으로 열린다.
사랑이 모든 삶의 뿌리다.
뫼들물(자연) 속에서 느끼는 마음의 기쁨은
사랑의 깨달음이며
모든 목숨과 있음이 지닌 온울의 믿음은 사랑이다.

목숨의 힘은 사랑에 있다.
목숨의 열림도 이룸도 나아감도 사랑의 힘이 바탕이다.
사랑은 목숨과 한 뿌리다.
목숨은 사랑이다.
마음이 없고 사랑이 없는 목숨은 삶이 없다.
사랑의 참을 벗어난 있음은 없으니
빛도 사랑이며 별도 사랑이다.
온울이 열린 빈울도 사랑의 있음이다.
목숨의 이룸은 사랑의 이룸이다.

목숨을 알 때 삶이 열린다.
목숨의 앎은 삶을 밝혀주고 나를 지켜준다.
나는 목숨의 이룸에서 삶의 무게를 깨닫는다.
목숨의 깨달음은 나에게 온울의 삶을 열어준다.
목숨의 참을 알 때 나의 참된 삶이 열리며,
목숨의 참을 모르면 나의 삶은 헛되게 흘러간다.

사랑을 알 때 목숨이 보인다.
사랑이 목숨의 끝없는 뜻을 열어주고
목숨의 때없는 누리를 비쳐준다.
사랑은 목숨을 밝혀주는 빛이다.
사랑의 앎은 목숨의 참을 비쳐준다.
목숨이 열린 참의 뜻을 밝혀준다.
사랑의 마음만이 목숨의 참에 가까이 다가간다.

온울은 참온과 한온의 삶이다.

나 만의 누리가 없듯이 온울만의 누리도 없다.
온울의 있음과 목숨은 참온과 한온의 있음이며 목숨이다.
온울은 참온과 한온으로 열려,
있음과 목숨을 알려주고 보여주는 참이다.
온울은 참온과 한온에서 열린 목숨이다.

온울(우주)은 삶의 믿음이니 온누리의 있음과 목숨의 믿음
이다. 온울을 이루는 참을 믿고 이루는 길을 믿으며 사랑을
믿음이다.
온울이 열어 준 빈울의 목숨을 믿음이다.
믿음의 바탕은 온울의 믿음이다.

온울(우주)의 믿음은 목숨으로 열린다.
때와 울로 열린 있음의 누리는
목숨의 누리로 때가 있고 끝이 있어 있음이며 목숨이다.
온울의 누리는 있음과 목숨을 이루는 삶의 누리로
끊임없이 태어나고 사라짐을 이어가는 목숨이다.
목숨의 마음이 온울의 믿음으로 열린다.

목숨은 온울(우주)의 모든 것이다.
온울은 있음과 없음을 여는 나타남과 사라짐이다.
있음은 사라지며 없음은 새로운 있음으로 열린다.
온울의 열림과 닫힘이 목숨이다.
목숨은 온울의 있음과 없음이다.

목숨은 목숨을 넘어 서 있다. 보이지 않고 알 수 없는
때없음(영원)과 끝없음(무한)으로 있다.
목숨을 여는 때와 울은 때없음과 끝없음에 있다.

목숨의 앎보다 목숨은 끝없다(무한).
목숨의 있음은 때와 울이 이룸으로
삶도 끝이 있고 앎도 끝이 있다.
목숨의 뿌리는 때와 울을 벗어나 때없음 끝없음으로 열린다.
끝이 있는 목숨의 있음인 나의 앎은
끝없는 목숨의 뿌리에는 닿을 수 없다.

목숨의 삶보다 목숨은 때없다(영원).
목숨의 있음은 때와 울로 열린 삶으로
때의 끝있음을 벗어날 수 없다.
목숨의 삶은 아주 짧은 한 때일 뿐이다.
목숨의 바탕은 때없음과 하나로 나타나지 않는 누리다.

때와 울의 열림이 목숨이다. 나의 열림이 때와 울이다.
때와 울은 목숨의 열림으로 나의 참이며 삶이다.
때와 울은 나의 열림인 마음의 있음이며
목숨의 이룸인 삶의 있음이다.
온울의 삶이 온나를 이루는 때와 울의 빈울이다.

목숨은 끝없이(무한)
보이지 않는 끝없음이다.

목숨의 처음과 마지막이 끝없음이며
열림과 이룸과 바뀜과 사라짐이 끝없음이다.
나타났다가 사라져 없어지는 목숨이 아니다.
끝없이 이어지는 참으로
목숨은 태어나고 사라지기를 끝없이 거듭하는 끝없음이다.

목숨은 때없이(영원) 알 수 없는 때없음이다.
목숨과 있음이 닫히고 없음이 멈추는 때없음은
앎이 사라져 알 수 없음이다.
목숨은 없음마저 없어지는 때없음과 하나로
때없이 거듭되는 때없음이다.

끝없는(무한) 목숨은 끝없음으로 사라진다.
목숨은 끝없음으로 열려 있고 끝없음은 끝없음 속으로
사라진다.
끝없음은 끝없음으로 목숨의 끝없음을 보여준다.

때없는(영원) 목숨은 때없음에 하나된다.
목숨은 때없음으로 돌아가 때없음의 때의 사라짐 속에 사라진다.
때없음은 때없음으로 목숨의 때없음을 알려준다.

목숨의 나는 처음도 없고 마지막도 없다.
때없음(영원)과 끝없음(무한)에서는 처음에 처음이 없고 마지막에 마지막이 없다.
나타남은 나타남이 아니고 사라짐은 사라짐이 아니다.

나는 목숨의 씨앗이며 목숨은 나의 땅이다.
목숨의 움직임은 나의 깨어남으로,
나의 깨어남은 목숨의 불씨다.
목숨은 나의 마음으로 움이 트고
목숨의 움직임은 마음의 움직임이다.

목숨은 나의 앞날(미래)이며 나는 목숨의 앞날이다
나는 목숨을 지키고 목숨은 나를 지킨다.
나의 목숨은 나다.
나를 이루는 목숨으로 내가 있다.
목숨의 나는 목숨이다.
목숨을 여는 나가 목숨이다.

온울(우주)의 앞날(미래)은 목숨이다.
목숨이 있어 앞날이 있다.

목숨은 끝없이 보이지 않는 끝없음이다

빛은 어둠의 삶이다.
어둠의 빛을 열고 빛으로 살고 있다.
어둠은 어둠이 아닌 때없음과 끝없음이다.
참이 나를 열고 나로 살고 있다.
나는 참과 하나의 목숨이며 하나의 삶이다.
나의 마음이 있음을 이루고 목숨으로 살고 있다.

목숨을 앎으로 죽음이 없어진다.
목숨의 참은 삶과 죽음을 벗어난다.

나는 있음이며 없음이다.

나의 처음이 있음이다.

나는 있음이며 없음이다. 없음이며 있음이다.
나의 있음으로 있음이 있고 나의 없음으로 없음이 없다.
나의 처음이 있음이다. 있음의 처음이 나다.
나는 있음이며 있음은 나다.
나의 처음이 온울(우주)을 열고 온울로 열린다.
있음의 처음은 하나다. 모든 것이며 모든 것이 아닌 하나다.

나는 열림의 있음이다.
나는 보이지 않는 있음으로 열려 보이는 있음으로 나타난다.
보이지 않는 나는 보이는 나의 있음으로 나타난다.
나와 열림과 있음은 하나다.
열림인 나는 열림이 닫히면 닫힌다.

있음은 나의 이룸이다.
나의 이룸은 열림이며 열림의 이룸은 있음이다.
나는 있음과 목숨으로 열린다.
있음과 목숨은 나로 열리는 나다.
온누리는 나의 있음이다. 있음은 나로 열리는 참이다.
참은 있음의 열림으로 나의 열림이다.

있음은 나의 모습이다.
있음의 모습은 나로 이룬 모습이다.
보이지 않는 나가 이루는 있음의 모습이다.
있음과 목숨은 다르게 나타나는 하나다.
있음이 마음의 있음으로 보이는 것은
목숨과 다른 나의 누리기 때문이다.
빈울 속에 드러난 있음은 나의 있음으로 온나의 빈울이 이룬
모습이다.

나는 있음의 마음이며 있음은 나의 마음이다.
나의 모습은 마음이 이루는 있음이다.
있음과 나는 하나로 열리고 하나의 있음을 이루는 하나다.
마음은 있음을 이루고 있음은 마음을 이룬다.
나의 처음에 있음이 열리고 있음의 처음에 나가 열린다.

나는 있음의 참이다.
나의 참으로 있음이 열린다.
나의 참이 열림으로 있음이 있다.
나는 참으로 열리고 참은 나로 열린다.
열림은 있음으로 열림으로 이미 있음이다.
있음은 끝없는 열림이다. 나와 참과 있음은 하나의 열림이다.
열림은 나와 참의 있음이다.

있음은 나의 참이다. 있음의 참으로 나가 있다.
없음에서 열리는 있음이 나를 연다.
있음의 열림이 참이며 나다.
나와 있음이 하나의 빛의 참으로 열린다.
있음은 나의 있음이며 참의 있음이다.

열림과 닫힘은 있음과 없음이다.

열림과 닫힘으로 있음이 있다.
있음은 없음으로 열려 있음과 없음이 하나다.
열림과 닫힘도 하나다.
나의 참으로 있는 하나의 누리다.
열림과 닫힘으로 나타나고 사라지는 있음과 없음은
때없음 끝없음의 있음이며 없음이다.

있음은 하나다. 있음의 이룸은 하나다.
끝없이(무한) 열리며 나타났다 사라지는 있음은
없음 속에 있는 하나다.
끊임없이 바뀌며 새로워진 다른 모든 있음도
없음 속에 열린 하나의 있음이다.
열리는 있음의 하나로 열리는 없음도 하나다.

있음과 없음이 아닌 하나다.
있음은 없음에서 열린 없음이다.
없음은 있음으로 열린 있음이다.
있음과 없음은 있음도 없음도 아닌 하나다.
없음이 나타남이 있음이다.
있음이 사라짐이 없음이다.
없음은 있음으로 있고 있음은 없음으로 있다.
있음도 없음도 없는 하나다.

있음은 끝없음(무한)이다.
있음은 끝없음을 여는 끝없음이다.
끝없음이 있어 있음이 있다.
끝없음에서 있음이 열린다.
있음은 끝없음의 열림이다. 있음으로 끝없음이 열린다.

없음은 때없음(영원)이다.
없음은 때없음을 여는 때없음이다.
없음으로 때없음이 열린다.
때없음은 없음으로 보이는 없음이다.
없음으로 열리는 때없음은 때없음도 없는 없음이다.
있음은 없음을 열고 때없음을 연다.

있음은 없음의 있음이다.
없음은 있음의 바탕과 뿌리로 드러난다.
있음이 사라짐은 사라져 없어지는 없음 속에 있음이다.
없음으로 열리는 있음은 없음의 있음이다.
보이는 있음은 보이지 않는 없음 속에 있다.
있음을 이루는 없음은 있음으로 열린 없음이다.

없음은 있음의 없음이다.
없음은 있음이 나타나고 없음으로 열린다.
있음의 없음은 없음인 없음이 아닌 있음이 없음이다.
있음의 없음이 아닌 것은 없음이 아니며
없음의 있음이 아닌 것은 있음이 아니다.

있음의 참은 없음이 열어준다.
있음의 참은 없음 속에 있다.
없음이 없으면 있음의 참이 없다.
있음의 참은 없음이다.
있음의 참을 없음이 보여준다.
있음의 누리는 없음으로 열려있다.
있음의 뜻이 없음에 끝없이 열려있다.

없음의 참은 있음에 열려있다.
없음의 참은 있음 속에 있다.
있음이 없으면 없음의 참이 없다.
없음의 참은 있음이다.
없음의 참을 있음이 알려준다.
없음의 누리는 있음으로 열려있다.
없음의 뜻은 있음에 담겨있다.

있음은 없음의 이룸이다.
없음에서 열리고 없음으로 사라지는 있음은 없음과 하나다.
없음은 있음으로 열렸다가 없음으로 돌아간다.
있음은 없음의 있음이다.
있음도 없음도 아닌 온울의 이룸이다. 빈울의 삶이다.
빈울에 열려 있는 때없음과 끝없음의 흐름이다.

있음은 빛이 알려주고 없음은 어둠이 보여준다.
빛은 있음의 참이며 어둠은 없음의 참이다.
빛에 있음의 뜻이다. 어둠에 없음의 뜻이다.
빛으로 어둠이 드러나고 어둠으로 빛이 밝아진다.
빛도 어둠도 맑음이다. 빛과 어둠의 바탕과 뿌리는 맑음이다.

없음에서 열린 있음은 없음이다.
없음으로 열린 있음은 없음이다.
없음에서 있음은 없음이 된다.
없음이 없어지면 있음도 없어진다.

있음으로 열린 없음은 있음이다.
있음으로 열린 없음은 없음의 있음이다.
있음에서 없음은 있음이 된다.
있음이 없어지면 없음도 없어진다.

빛이 없으면 어둠도 없다.
온울(우주)이 빛과 어둠으로 열려 빛과 어둠을 이루고 있다.
온울의 빛과 어둠이다.
빛이 아니라면 어둠도 어둠이 아니다.
빛은 빛이 아니며 어둠은 어둠이 아니다.
온울이 빛과 어둠이다. 온울의 빛과 어둠이다.

있음이 없으면 없음도 없다.
있음이 없음을 열고 없음이 있음을 연다.
목숨으로 없음과 있음이 있음과 없음으로 엇바뀌며 드러난다.
없음이 있음으로 열리고 있음이 없음으로 열린다.
있음과 없음은 목숨이다.

열림과 닫힘은 있음과 없음이다 163

있음 밖에 있음이 있다.

나타난 있음은 사라져도 있음의 있음은 없어지지 않는다.
있음은 있음에서 열린다.
사라진 있음은 없어지지 않는 있음이다.
있음 밖의 있음은 있음이 아닌 있음이다.
있음이 나타나고 사라지기를 거듭하는 것은
있음이 끝없음 때없음으로 열린것임을 알려준다.

있음의 있음은 있음을 벗어난다.
있음을 벗어나면 없음을 벗어난다.
때울을 벗어나면 때없음(영원) 끝없음(무한)이며
때없음 끝없음은 때없음 끝없음이 없다.
때울이 사라지면 때없음도 끝없음도 사라진다.

알 수 있는 있음은 알 수 없는 있음이다.
나타난 있음은 나타나지 않는 있음이다.
있음의 있음은 나타나지 않는다.
볼 수 있는 있음은 보이지 않는 없음 속에 있다.
알 수 있는 있음은 알 수 없는 모름 속에 있다.

있음은 끝없이(무한) 있음을 알려준다.
있음은 끝없이 있음을 묻는다.
있음은 끝없는 물음으로 닳아져 사라진다.
있음으로 열리는 앎은 끝없는 물음과 마주친다.
새로운 앎은 새로운 모름에 다다른다.

없음은 끝없이(무한) 없음을 보여준다.
있음으로 끝없는 없음을 열어준다.
있음의 없음은 끝없이 열려있다.
빛의 밖은 끝없이 어둠이다.
없음은 있음을 열고 끝없이 없음을 묻는다.
있음의 어렴풋한 앎은 끝없는 어둠의 모름에 둘러 쌓인다.
없음은 있음이 되어 끝없는 없음을 바라본다.

없음 밖에 없음이 있다.
있음이 없는 없음은 열리지 않은 없음이다.
열리지 않는 없음은 나타날 수 없는 없음이다.
있음 없음이 없는 없음은 없음을 벗어난 없음이다.
없음 밖의 없음은 없음이 아닌 없음이다.
빛은 어둠의 빛이며 어둠은 빛으로 있다.

없음의 없음은 없음이 아니다.
있음이 없으면 없음도 없고 있음이 아니면 없음도 아니다.
있음이 사라지면 없음도 사라진다.
없음의 없음은 없음을 벗어난다.
있음과 없음은 있음에서 열린 갈피다.

알 수 있는 없음은 알 수 없는 없음이다.
보이는 어둠은 볼 수 없는 어둠이다.
열려있는 없음은 있음의 없음이다.
없음만의 없음은 알 수 없는 없음이다.

없음은 끝없이 없음을 열어준다.
없음은 없음으로 열리지 않는다.
끝없는 없음의 열림은 있음의 열림이다.
없음은 끊임없이 없음을 가리킨다.
있음에게 끝없이 열리는 없음은 있음으로 열린 없음이다.
있음이 열려 있음에 비친 없음이다.

있음은 끝없이(무한) 있음을 새겨준다.
없음으로 있음을 보여준다.
없음이 보임으로 있음이 보인다.
없음의 있음이 끊임없이 펼쳐진다.
있음이 뚜렷해질수록 없음이 깊어진다.
없음으로 있음이 보이며 있음으로 없음이 열려 있다.
없음에서 있음은 끝없이 있음에 목마른다.

있음은 목숨의 있음이다.

열림의 목숨으로 있음이 있다.
온울(우주)의 있음이 목숨의 있음이다.
나의 목숨이 있음의 목숨이다.
나는 목숨이다.
목숨으로 열리는 목숨의 나다.
나의 있음이 있음이다.
온울의 있음이 있음이며 온울은 나의 있음이다.
참의 있음으로 목숨의 있음이다.

있음과 목숨은 다르게 보이는 하나다.
있음으로 목숨이 있고 목숨으로 있음이 있다.
하나는 떨어져 있어도 하나며 다르게 있어도 하나다.
있음과 목숨은 하나의 온울이다.

있음의 깨달음은 없음에 있다. 없음에 깨달음은 있음에 있다.
없음으로 있음이 열리고 있음에서 없음이 열린다.
있음을 알면 없음이 열리고 없음을 알 때 있음이 열린다.
있음에 하나되면 없음이 다가온다.
없음에 하나되면 있음이 보인다.

나가 있으면 있음이며 나가 없으면 없음이다.
온울(우주)은 나에서 열리고 나에서 사라진다.
있음과 없음을 가르는 나는 마음이 열린 나가 아닌
처음의 나다.
나의 처음은 나가 없는 나로 열린다.
온울의 처음은 온울의 나다.
나의 처음은 나가 아닌 온울의 나다.

나는 있음을 열고 있음은 나를 연다.
나와 있음은 하나다.
나와 있음은 하나의 열림이며 하나의 이룸이다.
나의 처음에 있음이 있고 있음의 처음에 나가 있다.
있음은 나며 나는 있음이다.

나를 앎은 있음을 앎이며 있음을 앎은 나를 앎이다.
나는 마음의 나만이 아니다.
있음과 목숨의 나다.
마음은 나만의 마음이 아니다.
온누리 뫼들물(자연)의 마음이다.
나는 있음의 이룸이며 있음은 나의 이룸이다.
나의 있음을 알고 있음의 나를 안다.

나는 있으나 없으며 없으나 있다.
태어난 나는 사라지는 나다. 사라지는 나는 없어지지 않는다.
나타난 모든 것은 사라지며
사라진 모든 것의 뿌리의 바탕은
없어지지 않는 끝없는 때없음이다.
있음은 있으나 없으며 없으나 있다.

있음은 온울(우주)의 있음이며 나는 온울의 나다.
참은 온울의 참이다.
나타난 나는 모든 나가 아니다.
끝없이 나타나고 사라질 나 가운데 하나다.
드러난 참도 모든 참이 아니다.
끝없이(무한) 때없이(영원) 열릴 수 있는 참 가운데 하나다.
온울도 모든 온울이 아니다.

나는 있음을 살고 있다.
있음은 나를 살고 있다.
나는 온울의 삶이다. 온울은 나의 삶이다.
나는 있음으로 열려 있다.
있음은 나로 열려 있다.
있음이 나를 이루고 내가 있음을 이룬다.
있음은 목숨의 있음이며 목숨은 있음의 목숨이다.

나의 있음은 때없는(영원) 나다.
나의 있음은 때없는 나로 열린다.
나는 어쩌다 열릴 수 없다.
온울은 어쩌다 있는 있음이 아니며 때없음과 끝없음 속에 있다. 나도 어쩌다 나타나는 목숨이 아니다.

나의 열림은 끝없는(무한) 나다.
나의 열림은 끝없는 나로 있다.
끝없는 나 속에 있는 나의 있음이다.
나라는 틀은 없으며 나라는 나만의 울도 없다.
끝없이 열려 있는 나는 때없음(영원) 속에 있다.
나의 열림은 끝없이 이어지는 나다.

별들의 있음과 없음이
나를 보여준다.

별들의 나타나고 사라짐은 온울(우주)을 알려준다.
나를 열어준 참과 별의 참은 온울 하나의 참이다.
별은 나를 이루고 있으며 나는 별을 이루고 있다.
별의 있음과 목숨이 나의 있음과 목숨이다.

온울(우주)의 빈울은 삶이다.
빈울은 온울의 끝없는 목숨이다.
별이 끊임없이 나타나고 사라지며 온울의 삶을 이루고 있다.
빈울이 연 별은 온울의 온나가 되어 있음과 목숨의 나로
열려 있다.

때와 울인 있음은 때없음(영원) 끝없음(무한)이다.
때와 울은 때없음 끝없음의 열림이며 이룸이다.
있음은 때없음 끝없음에서 열리고 때없음 끝없음으로
돌아간다.
때와 울은 때없음과 끝없음의 있음이다.

때울의 참은 없음이다.
때와 울의 바탕인 빈은 없음으로 열려
없음의 빈이 있음의 빈으로 바뀐다.
없음의 빈에 있음이 있음이며 있음의 빈에 없음이 있음이다.
때울의 있음에서 알 수 있는 없음은 참 없음이 아니다.

있음의 열림은 끝없는(무한) 열림이다.
한 번의 열림은 끝없음의 열림이다.
하나의 열림은 모든 열림이며 모든 열림은 하나의 열림이다.
끝없는 열림은 열림의 있음이 끝없이 열려 있음이다.
바뀜으로 다름으로 새로움으로 열려 있음이다.

없음의 열림은 때없음(영원)의 열림이다.
없음으로 때없음이 있다.
있음으로 없음이 열려 없음의 때없음을 열어준다.
때없음은 없음도 없는 때없음마저 사라진 때없음이다.
있음과 없음은 끝없음과 때없음을 알려준다.

나의 열림은 때없음(영원)의 열림이다.
나의 참은 빛의 참으로 끝없는 어둠과
때없이 알 수 없는 때없음의 열림으로 나타난다.
때없음과 끝없음이 온울의 참으로
나는 때없음의 열림과 닫힘이다.
나는 참 목숨으로 때없음에서 때없음으로 열리고 닫힌다.
나로 때없음이 열리고 나의 있음은
나의 없음을 알려주며 나가 없는 때없음을 열어준다.

마음의 열림은 끝없음(무한)의 열림이다.
마음은 끝없음으로 열려 있다.
끝없음의 열림에 마음이 있다.
마음의 있음은 끝없는 있음이다.
끝없이 열릴 수 있는 끝없음이다.
마음은 온울 속에 온울의 마음으로 열려 있다.
그리고 온울 밖의 또 다른 마음으로 열려 있다.

나의 열림은 목숨의 있음이며 목숨의 열림은 나의 있음이다.
나는 목숨으로 열리고 목숨은 나로 열린다.
나는 목숨으로 목숨은 나의 이룸이다.
목숨은 나로 나타나고 나는 목숨으로 나타난다.
나는 목숨의 이룸이다.
나 뒤에는 끝없는 목숨이 열려 있다.
그리고 목숨 뒤에는 끝없는 나가 열려 있다.
나와 목숨은 나도 목숨도 아닌 하나인 끝없음이다.

마음의 열림은 있음의 이룸이다.
마음의 열림은 나의 이룸으로 나는 마음으로 이루어지는
있음이다.
마음의 열림은 있음의 열림이며 이룸이다.
마음의 열림 뒤에는 끝없는 나의 있음이 있다.

때없음(영원)이 때를 열어 때없음이 된다.
때는 때없음에서 열리고 때없음으로 사라진다.
때가 사라지면 때없음도 사라진다.
때는 때없음이 나타난 때없음이다.
때는 때없음의 이룸이며 때없음의 삶이다.

끝없음(무한)이 울을 열고 끝없음이 된다.
울은 끝없음으로 열리고 끝없음으로 사라진다.
울이 사라지면 끝없음도 없어진다.
울은 끝없음으로 열린 끝없음이다.
울은 끝없음의 이룸으로 끝없음의 있음이다.

있음과 없음은 있음과 없음이 아니다.
있음이 없으면 없음도 없다. 없음이 아니면 있음이 없다.
있음은 없음이 있음을 이룸이며
없음은 있음이 없음을 열음이다.
있음과 없음은 참이 열림이며 참이 닫힘이다.

있음은 때없음(영원)
끝없음(무한) 속에 있다.

때없음과 끝없음으로 있음이 열린다.
있음은 때와 울이다. 참의 때와 울이다.
참은 있음으로 열리고 없음으로 닫힌다.
나의 때와 울이다.
때와 울의 열림은 때없음 끝없음의 열림이다.
온울의 때와 울로 때와 울이 온울이다.

목숨의 때와 울이니 때와 울이 열리고 닫힘은
목숨의 열림과 닫힘이다. 있음과 없음의 열림과 닫힘이다.
참의 열림과 닫힘이며 나의 열림과 닫힘이다.
나타남과 사라짐의 있음은 열림과 닫힘의 나의 목숨이다.

때와 울은 때없음(영원)과 끝없음(무한)의 삶이다.
때와 울은 때없음과 끝없음에 참의 이룸이다.
때와 울로 나타나고 이루며 보여주고 알려준다.
때없음 끝없음이 때와 울의 뜻이다.
때와 울은 때없음 끝없음의 참이다.

삶은 마음의 있음이다. 목숨을 이루는 삶의 길이 마음이다.
나의 삶인 마음의 있음이 온누리의 있음을 이루고 있다.
목숨도 나도 있음으로 있음은 나의 삶이다.
있음은 나의 마음이다. 온울로 열린 나의 모습이다.
있음은 참의 마음이다.
있음은 참의 삶으로 나의 삶이다.

마음의 있음은 온울(우주)이다.
마음의 누리는 온울이 열은 온울의 누리다.
온누리의 있음과 목숨이 온울로 열린 온울의 누리로
마음은 온울의 마음이다.
온울이 이룬 마음은 온울의 삶을 밝혀주는 빛이다.

온울(우주)이 열림은 때없음(영원)의 열림이다.
때없음은 온울로 깨어난다.
온울은 때없음에서 태어난다.
온울은 때없음으로 있는 때와 울이다.
온울이 있음은 때없음의 있음이다.
때없음 마저 없는 때없음의 누리는 온울이 없는 온울이다.

온울(우주)의 이룸은 끝없음(무한)의 이룸이다.
끝없음은 온울의 있음으로 열린다.
온울의 끝없음으로 열린다.
온울의 때와 울은 끝없음에 열려 있다.
때없음 끝없음이 하나의 누리로 온울로 열린다.

나를 이룸이 온울(우주)의 있음이다.
온나의 이룸으로 온울이 있고 온울의 이룸으로 온나가 있다.
온울의 있음이 나의 이룸이다.
온울과 나는 하나의 있음이며 하나의 목숨이다.
온울은 나로 이때 여기에 있다.
나는 온울로 열린 온울로 이때 여기의 나를 이루고 있다.
저마다의 나로 온울로 열려 있다.

온울(우주)의 있음은 목숨의 이룸이다.
온울은 목숨이며 목숨은 온울과 하나다.
온울은 목숨의 있음을 이루고 있다.
온울은 나며 목숨의 이룸은 나의 있음이다.
나의 삶은 온울의 삶으로 온울 목숨의 있음이다.
온울의 이룸은 때없고(영원) 끝없는(무한) 목숨의 이룸이다.

있음의 삶이 없는 듯 있고 멈춘 듯 가고 있다.
있음은 삶이 없는 것 같은 삶이다.
죽은 듯이 보이는 삶이다. 목숨이 없는 듯 한 목숨이다.
바뀜도 없고 멈춰만 있는 있음이 삶의 터와 받침이 되어
온울의 삶을 살고 있다.
움직이는 목숨에게는 죽은것만 같은 삶으로 보인다.

있음은 멈춘 삶 같고 목숨은 움직이는 삶이다.
있음의 움직임이 없는 목숨에서 움직이는 목숨의 삶이 나옴은
있음의 삶의 움직이려는 마음 때문인지
있음의 삶이 움직이고 목숨의 삶이 멈춘 것인지 알 수 없다.

빈울은 있음의 참이다.

있음의 이룸이 빈울에 있다.
빈울은 있음의 참으로 열려 있다.
빈울은 끝없는 있음으로 끝없는 있음의 참이다.
있음은 빈울로 열려 있는 빈울의 있음이다.
있음의 참을 빈울로 보여준다.
빈울과 있음으로 참을 알려준다.

있음은 빈울의 길이다.
빈울의 열림이 있음으로 빈울의 이룸도 있음이다.
빈울이 이루어지는 있음은 빈울의 길이다.
참을 이룸이 길이니
있음은 빈울로 열린 빈울의 누리며 빈울의 이룸이다.
온누리의 있음은 빈울 속에서 빈울의 길을 가고 있다.

있음은 빈울의 모습이다.
온누리는 빈울이 이룬 빈울로
있음과 목숨은 빈울로 열린 빈울의 모습이다.
모든 모습은 빈울이 이루고 빈울이 보여준다.
빈울의 참이 모습을 이루고 온울의 누리로 열려 있다.
빈울은 있음을 열고 빈울을 보여준다.

온울(우주) 있음은 온울의 없음을 알려준다.
모든 있음이 사라지는 끝없음(무한)이
온울의 있음의 모습을 보여준다.
있음은 끝없음을 열어준다.
있음에서 열린 끝없음에서
온누리의 있음과 온울의 모습은 뜻으로 열린다.
온울의 있음으로 온울의 없음이 보인다.
온울은 온울이 사라진 끝없음을 가리킨다.

빈울이 없는 있음은 없다.
있음이 아니면 빈울은 열리지 않는다. 있음은 빈울의 누리다.
모든 있음은 빈울과 하나로 열려 있는 하나의 누리다.
있음은 빈울이 아니면 열릴 수 없다.
빈울이 아니면 있음이 아니다.

빈울을 벗어난 목숨은 없다.
온울(우주)에서 빈은 있음과 목숨의 참으로 열린 빈이다.
울은 삶이 열린 있음의 울이다.
빈울은 있음과 목숨의 누리다.
빈의 목숨으로 열린 있음의 빈울이다.
온울의 목숨의 있음으로 빈울이 열려 있다.

빈울의 보임이 있음이다.
있음으로 열린 빈울은 있음에게 보인다.
있음을 이루는 빈울이 있음에게 열려 있다.
하나의 누리로 열려 볼 수 있다.
있음에게 보이는 빈울은 있음의 빈울이다.
나에게 보이는 빈울은 나의 빈울이다.

보이는 빈울은 마음이다.
빈울이 열린 있음의 마음에 빈울이 열려 있어
있음에게 보이는 빈울은 마음에 열린 빈울이다.
있음을 이룸에서 마음을 이룬 빈울이다.
나에게 보이는 빈울은 온나의 마음이다.
온나는 나와 하나로 열린 빈울이다.

빈울로 별이 있고 별로 빈울이 있다.
빈울로 별이 된다.
빈울이기 때문에 별이 태어난다.
온울은 열림이기에 빈울이 열려 있다.
빈울은 별을 이루고 별로 살고 있다.
별로 빈울이 된다.
빈울의 이룸이 별이며 별의 이룸은 빈울이다.
별은 빈울의 삶을 마치고 빈울로 돌아간다.
빈울과 별은 하나의 있음이며 하나의 삶이다.

빈울의 있음이 별로 나타난다.
별을 이루려 빈울이 비어있고 빈울로 별이 태어난다.
빈울의 빈으로 별이 보이고 별의 있음으로 빈울이 보인다.
빈울은 별의 참으로 열린다.
별은 빈울의 길을 이룬다.

빈울은 별이 되어 별이 빈울을 보여준다.
빈울은 별로 참을 열고 있음의 참의 빈울을 보여준다.
별의 있음으로 나를 알려주며 온울의 참을 가리킨다.
별에 써 있는 참의 글에 빈울의 뜻을 새겨준다.
끝없는(무한) 뜻의 빈울을 읽어준다.

나는 나를 보여준다.
나가 나를 알려준다.
온울(우주)은 온울을 보여주고 별은 별을 보여준다.
하늘과 땅은 하늘과 땅을 보여준다.
나는 온울의 나며 별의 나 하늘과 땅의 나다.
나로 열린 나다.
나는 나를 보고 있다.

온울(우주)의 마음은
빈울로 열려 있다.

보이지 않는 마음은 보이지 않는 빈울로 열려 있다.
나의 마음은 빈울로 비어 있다.
마음이 빈울로 열려 빈울로 비어 있다.
빈울이 마음이다. 빈울의 마음이다.
끝없는 빈울의 맑음으로 온나가 열려 있다.

별은 온울(우주) 마음의 있음이다.
별이 이루는 온누리의 있음이 온울 마음의 이룸이다.
별에서 태어나는 목숨의 마음은 온울의 마음을 이루며
살고 있다.
별의 목숨과 마음이 온울의 마음을 이루고 있다.

빈울은 끝없는(무한) 별의 마음이다.
빈울에서 끝없이 별이 태어나 별의 마음으로 열린다.
별의 마음은 끝없는 빈울 속에 있다.
별에서 열리는 있음과 목숨의 마음은 빈울 마음의
빈으로 있다.

빈울은 있음의 뜻이다.
빈울에 있는 있음은 글이 되고
살아서 움직이는 목숨은 말이 된다.
빈울의 글과 말에 끝없는 뜻이 열려 있다.
빈울이 이루는 있음과 목숨에 온울의 참이 새겨진다.
빈울은 뜻으로 끝없이(무한) 열려 있다.

빈울은 끝없는(무한) 바뀜과 다름과 새로움의 누리다.
빈울은 온울이 끝없이 열어 놓은 새로운 있음이다.
새로운 나를 연 온나다.
온울(우주)의 있음과 목숨 속에 열려 있는 빈울이
있음과 목숨으로 살고 있다.
끊임없는 온울의 마음을 이루며 숨쉬고 있다.

온울(우주)의 온나는 빈울이다.
빈울 속에 끝없이 많은 별들이 온나를 이루며 살고 있다.
별을 이루는 빈울은 온나의 삶이다.
삶의 마음은 빈으로 열려 나는 빈속에 있다.
마음의 빈은 온나의 빈울이다.

빈울은 있음의 거울이다.
온울(우주)의 마음으로 있음과 목숨을 보여 준다.
있음의 누리는 빈울로 드러난다.
빈울이 이루는 있음의 누리를 빈울의 거울이 비쳐준다.
있음과 목숨이 만들어 가는 마음의 모습이
빈의 맑음으로 보인다.

빈울은 나의 거울이다. 있음과 목숨의 마음을 보여준다.
언제나 나를 비쳐주고 보여주는 마음의 거울이다.
하늘의 맑음과 햇빛의 밝음으로 나의 마음을
들여다 보고 있다.
빈울은 반짝이는 별의 마음처럼 나의 마음을 비쳐주고 있다.

빈울은 나의 삶이다.
끝없는 온울의 있음과 목숨을 여는 빈울은
온누리 있음과 목숨들의 나를 이루며 살고 있다.
빈울은 끝없는 나를 여는 끝없는 나다.
온울의 삶이며 나의 삶이다.

빈울의 있음을 깨달을 때 온나의 있음을 알게된다.
빈울의 있음을 마음의 있음으로 깨닫는다.
빈울과 빈울을 보는 마음은 하나의 온울이다.
하나의 있음이다.

온누리로 온울(우주)의
참을 쓴다.

온누리는 빈울에서 쓰여진 온울의 글이다.
온울의 참은 빈울로 새겨진다.
빈울은 끊임없이 온울의 참을 쓴다.
끊임없이 태어나고 사라지는 별들에 새겨진다.
별들과 땅의 온누리는 참으로 쓰여진다.
온울이 새겨 놓은 참의 있음이다.

온누리는 온나의 숨결이다.
아주 작은 있음과 목숨에 온울이 와 있다.
먼지보다 더 작은 있음 속에 온울의 숨결이 흐르고 있다.
나는 온나의 하나로 살고 있다.
나는 온울(우주)의 삶을 살고 있다.

온나는 온누리의 모습이다.
온나의 마음이 온누리가 되어 온누리의 모습을 이루고 있다.
온울(우주)의 열림과 이룸의 있음 뒤에
보이지 않는 참의 온 나가 있다.

마음 속에 새겨진 나의 있음은 온나의 있음이다.
마음으로 끊임없이 새기게 되는 나는 온나에서 열린 나다.
나는 온울의 온나를 이루고 있다.

온누리의 마음에서 나의 있음을 만난다.
뫼들물(자연)의 목숨에서 나의 삶을 깨닫는다.
길가에 있는 한 포기 풀섶이 자라는 끈질긴 힘에서
나의 목숨을 보게 되고
들에 핀 작은 꽃에서 나의 마음을 만나게 된다.

나는 온울(우주)의 누리로서만 있다.
온울이 아닌 나는 이때 이곳에는 없다.
나는 온울 누리의 나다.
온울의 참으로 이루어진 온울의 나다.

온울(우주)의 참만이 길을 연다.
참이 없는 길은 없다. 온울 밖에는 길이 사라진다.
참을 모르는 앎은 어둠일 뿐이다.
온울의 참이 없는 있음은 없다.

온울(우주)은 보이지 않는 있음의 끝없는 열림이다.
온울의 뿌리는 보이지 않는 있음이다.
나타난 있음이 나타나지 않은 있음의 끝없음을 알려준다.

나타난 나가 나타나지 않은 나의 있음을 가르쳐준다.

보이지 않는 있음이
마음으로 열린다.

마음으로 열리는 있음의 누리는
보이지 않는 있음으로 가는 길이다.
보이지 않는 있음에 닿아 있는 마음이다.
마음의 있음은 보이는 있음으로 열려 있다.

나의 참은 마음의 빛으로 앎의 길을 간다.
나의 참은 빛의 참으로 참을 벗어난 어둠은 앎의 길을
지운다.
마음의 빛이 없으면 앎의 길이 없다.
참을 벗어난 길은 사라지며 빛이 없는 어둠으로
앎은 없어진다.
나는 마음으로 열려 앎을 이루는 참으로 빛의 참을 이룬다.

맑음이 없이는 밝음이 없다.
마음의 맑음에서 마음의 빛이 열린다.
때없고(영원) 끝없는(무한) 맑음에서 빛이 나타나고 사라진다.
맑음은 빛과 어둠이 없는 뿌리의 바탕이다.
하늘이 맑을 때 햇빛이 빛난다.

빛이 퍼지듯 울이 퍼진다. 빈의 빛이며 빈의 울이다.
울은 빈으로 보이고 빈은 울로 드러난다.

때가 고이듯 나가 쌓인다.
때없음(영원)에서 때가 끝없이 고인다.
끝없음(무한)에서 나의 울이 쌓이고 또 쌓인다.

있음이 아닌 나는 열리지 않는다.
나와 있음은 하나로 열리는 하나다.
빈울은 있음의 나를 보여주는 온나다.
있음의 나로 있음이 보인다.
있음이 열리는 빈울이 있음의 나를 알려준다.
빈울의 있음은 나의 있음이다.

나는 있음을 여는 있음이며 있음은 나를 여는 나다.
나의 마음이 있음이다. 나는 보이지 않는 있음이다.
보이는 있음의 처음을 여는 보이지 않는 있음이다.

있음은 온울(우주)이 쓰는 글이다.
있음의 열림이 온울의 참으로,
빈울 속에 열리는 있음의 모습이 ㅁ이다.
온울은 온누리 뫼들물의 있음과 ㅁ숨으로 끝없이 참을
적어준다.
있음을 열고 있음을 쓰며 있음ㅁ 읽는 온울은 있음의
이룸이다.
ㅁ음에서 열리는 마음은 ㅇㅁ에서 열리는 끝없는 뜻이다.

보이지 않는 있음이 마음으로 열린다   187

마음은 온울(우주)이 들려주는 말이다.
온울과 하나인 나와 온울의 마음에 만남이다.
마음은 온울과 나의 있음이다.
하나의 있음으로 열린 마음의 있음이다.
온누리를 이루는 빈울 속에
나의 있음으로 마음이 열려 있고 온울의 나로 나가 있다.

있음의 마음으로 나의 마음이 있다.
마음의 있음도 있음이니 있음의 마음으로 마음이 이어진다.
있음의 나아감으로 마음도 나아간다.
나의 마음에 이룸에는 있음의 마음이 있다.
온누리의 있음으로 나가 있다.
있음은 보이지 않는 마음을 담고 있는 마음의 있음이다.

있음은 목숨의 마음이다.
있음과 목숨은 하나의 바탕과 뿌리이니 마음도 하나다.
있음으로 목숨이 열리고 목숨으로 있음이 깨어난다.
목숨의 있음을 이루고 있다.
나는 목숨의 있음인 마음으로
마음은 온누리의 있음을 이루고 목숨의 마음을 살고 있다.
온누리는 목숨의 마음을 이루고 있다.

마음의 있음에 그림자다. 마음은 있음의 빛과 그림자다.
마음을 여는 나는 나를 여는 마음이다.
어둠을 여는 빛은 빛을 여는 어둠이다.
마음의 있음으로 있음이 이루어지며
있음의 마음으로 마음이 이루어진다.
하나가 서로를 이루는 하나다.

빛의 있음은 나의 빛이다.
나는 보이지 않는 있음으로 빛에서 열린다.
빛은 보이는 있음으로 나에 열린다.
빛은 나의 앎의 빛을 연다.
나의 마음의 앎이 되어 마음의 빛이 된다.
빛은 나를 이루고 나는 빛을 이룬다.
나와 빛은 하나의 목숨으로 열린 하나다.

있음의 앎은 나의 앎이다.
나로 열린 있음의 앎은 나의 앎이다.
나의 있음임을 앎으로 온누리가 나의 앎으로 열리고
뫼들물(자연)이 나와 하나의 삶이며 마음인 것을 깨닫는다.
있음과 나가 하나인 것을 있음을 이룬 앎이 밝혀준다.

나의 있음은 있음의 나다.
내가 있는 것은 있음의 나 때문이다.
있음을 여는 처음이 나며 나의 처음이 있음이다.
나는 있음과 하나다.
있음은 나와 하나로 열린 하나다.

빈울로 열린 있음은
빈울로 돌아간다.

빈울은 있음으로 나타났다 빈울로 돌아간다.
빈울은 끊임없이 나타나고 사라지는 있음의 목숨으로
온울을 이루며 살고 있다.
빈울로 열린 있음과 목숨의 삶은
빈울의 끝없음(무한) 속에 열려 있다.

빈울은 온울(우주)의 때없는(영원) 모습이다.
있음과 목숨의 처음과 마지막인 온울의 때없음이 빈울에
열려 있다.
온울은 빈울로 때없음에 닿아 있다.
빈울은 온울의 때없고 끝없는 있음으로
온울의 끝없음과 때없음의 모습으로 열려 있다.

빈울은 온울(우주)의 끝없는(무한) 열림이다.
온울의 있음에 끝없음이 빈울로 열려 있다.
온울 뫼들물의 끝없음을 열고 있다.
빈울은 있음의 열림과 닫힘이 보이지 않는 끝없음이다.

빈누리에 있음이 있어 빈울의 별이 태여난다.
빈누리에서 목숨이 움직인다.
빈누리는 있음으로 열려 있음을 이룬다.
온울(우주) 목숨의 있음을 여는 움직임과 모습이
빈누리에서 이루어진다.
빈은 있음의 빈으로 열려 있다.

빈울로 맑음과 밝음이 있다.
빈울의 빈은 비움으로 빈의 맑음으로 밝음이 된다.
맑음은 어둠에 가려진 온울의 바탕이며
나를 이루는 마음의 빈울이다.
맑음은 밝은 빛의 바탕으로 밝음은 모든 이룸의 뿌리다.

있음의 끝없는(무한) 길은 빈울이다.
온울(우주)의 끝없는 이룸이 빈울이다.
온울 열림의 이룸은 빈울의 길로 이룩된다.
빈울 속에 있음의 누리가 끝없이 열려 있다.
온울의 참을 이루는 길은 숨어 있다.

참은 온울(우주)의 있음으로 열려
온울의 열림이 참이며 있음의 참이다.
온울을 이루는 있음의 모습이 참이다.
참의 없음인 온울의 없음에서 온울의 있음은 눈부신 참이다.
참이 아니면 아무것도 없고 참이 아닌 것은 아무것도 없다.

있음은 참의 있음이니
있음은 참으로 열려있는 참으로 있음은 참의 있음이다.
참의 없음에서 열리는 있음은 참을 알려주고 보여준다.
있음의 참을 열고 있음의 모습으로 온울을 뚜렷이 새겨준다.
참은 있음의 열림이며 있음의 이룸이다.

뫼들물(자연)은 온나가 써놓은 온울(우주)의 마음이다.
온울이 뫼들물로 살고 있는 삶의 모습이다.
온울은 뫼들물이 되어 뫼들물의 있음과 목숨의 마음에
온울의 삶과 마음의 이룸을 알려준다.
온울의 삶에 마음이 빈울로 열려 있다.

빈울이 뫼들물(자연)의 마음으로 열린다.
빈울의 있음과 목숨의 참이 뫼들물의 모습으로 나타난다.
빈울에 열린 뫼들물 마음의 모습이다.
온울(우주)의 삶을 살고 있는 뫼들물이
빈울 속에 마음의 모습으로 온울의 마음을 새기고 있다.

온울(우주)의 나를
뫼들물(자연)로 만난다.

빈울 속에서 열리는 있음과 목숨의 나는
뫼들물에서 온울의 삶에 하나가 된다.
뫼들물로 펼쳐진 온울의 나를
하나로 열린 뫼들물의 마음으로 만난다.
뫼들물의 마음 속에 하나가되어 온울의 온나를 이루게 된다.

뫼들물(자연)의 모습은 온울(우주) 마음의 모습이다.
끊임없이 펼쳐지는 온울의 삶의 모습이다.
볼 수 없는 온나의 누리가 볼 수 있는 뫼들물로 나타난다.
빈울 속에서 마음의 모습으로 태어난다.
빈울의 마음에 모습이 된다.

뫼들물(자연)은 빈울이 빚어 낸다.
뫼들물은 온울의 삶으로 빈울이 빚어낸 온울(우주)의
모습이다.
온울의 모습을 빈울이 보여준다.
온울의 마음이 뫼들물 모습에 담겨 있고
뫼들물 속에서 온울이 살고 있다.
온울(우주)의 마음을 빈울이 보여준다.

뫼들물(자연)은 빈으로 열려있다.
빈울 속에서 뫼들물의 있음과 목숨은 빈에 열려 있다.
열려진 빈으로 뫼들물은 빈울과 하나로 있다.
빈은 온누리를 하나로 열고 온울의 하나됨을 이루고 있다.

숲은 온울(우주)의 마음이 가득하다.
많은 목숨들이 숲을 이루고 온울의 삶을 살고 있다.
삶이 가득찬 숲은 마음의 숨결로 가득하다.
숲의 모습은 온울의 마음이다.
나무와 수풀 사이의 빈울이 온나의 마음으로 열려 있다.

꽃밭은 마음의 밭으로 마음의 꽃이 피어 있다.
하늘과 땅과 뫼들물로 온울의 마음이 꽃으로 피어있다.
꽃밭은 아름다운 마음이 열려 별들이 가득 찬 밤하늘처럼
마음의 꽃들이 가득 피었다.

높은 뫼는 얼이 보인다.
뫼와 나는 마음으로 열려 있고 있음으로 열려 있다.
온울(우주)의 온나에 하나로 열려 있다.
뫼는 마음 속에 끝없이 솟아올라
마음의 높은 뫼의 마음을 살고 있다.
뫼는 나의 얼을 열고 있다.

펼쳐진 들은 길을 열어주니 목숨을 이루는 삶의 길이다.
넓은 들에는 바쁘게 살아가는 목숨들의 길이 있다.
논두렁 밭두렁이 길이 되고
벼와 보리와 밀 옥수수와 콩포기 사이로
작은 목숨들의 길이 열려 있다.
들이 펼쳐 준 길에 삶이 열려 있다.

마음처럼 하염없이 물이 흘러 간다.
가람(강)의 물은 소리없이 땅의 마음이 되어 흐른다.
물이 흐르고 흘러 땅의 얼굴이 물길로 주름져 있다.
바위도 파여 물길을 열고 뫼도 깎여 가람을 흐르게 한다.

나 밖의 뫼들물(자연)이
나 속의 뫼들물이다.

뫼들물과 나는 끊임없이 돌고 도는 하나다.
나 밖에 끝없는 뫼들물이 열려 있고
나 속에 끝없는 뫼들물이 열려 있다.
나 밖의 뫼들물도 나며, 나 속의 뫼들물도 나다.
뫼들물 속에서 있음과 목숨은 울타리가 없이 열려 있다.

나로 앎이며 나를 벗어나 모름이다.
나와 하나의 누리로 나의 앎이 열려 있고
나와 다른 누리로 나의 모름이 열려 있다.
나와 다른 누리와 다름의 깊이로 앎과 알 수 없음이
갈라진다.
나의 앎은 나의 있음의 둘레로 열려 있다.

있음과 없음은 끝없이(무한) 거듭된다.
온울(우주)의 있음과 없음은
끝없음과 때없음(영원)의 끝에서 반짝하는 빛과도 같다.
낮과 밤으로 땅의 하루가 저물고 빛과 어둠이 거듭되며
온울의 삶이 이어진다.

있음과 없음은 온울(우주)의 삶숨이다.
온울은 열림과 닫힘이다.
목숨의 태어남과 사라짐으로
뫼들물(자연)의 모든 있음과 없음은 온울의 삶을 산다.
끝없는 있음과 없음으로 온울이 열려 있다.

하나의 있음은 끝없는(무한) 있음을 뜻한다.
이때 여기의 있음은 끝없음 속의 끝없는 있음이 열린 것으로
어쩌다 있는 있음은 없다.
하나의 있음은 끝없는 있음이며 끝없는 있음은 때없는(영원)
있음이다.
하나의 나는 때없고 끝없는 나로부터 열리며,
온울의 있음은 때없고 끝없는 있음으로부터 나타난다.

하나의 목숨은 때없는(영원) 목숨을 말한다.
어쩌다 열린 목숨은 없다.
하나의 삶은 끝없는(무한) 삶 속에서 열리며
삶의 목숨은 때없음에서 깨어나고 사라지며 이어지는
목숨이다.
모든 목숨은 때없는 목숨으로부터 열린다.

있음의 뜻은 온울(우주)의 있음이다.
온울의 있음에 있음의 뜻이 있다.
온울의 이룸은 있음이다. 온울 목숨의 삶은 있음의 이룸이다.
때없음(영원)과 끝없음(무한)에서 열리는 온울의 있음이다.

있음은 온울(우주)에 하나됨이니 하나의 온울로 있음이 있다.
있음은 온울의 하나로 열리며 하나됨으로 이루어 진다.
끊임없는 있음의 이룸은 하나됨으로 온울을 이룬다.
저마다의 있음과 목숨은
온울 속에서 온울을 이루는 하나의 있음이다.

없음은 온울(우주)의 참을 연다.
있음은 없음을 열어주고 없음은 있음을 비쳐준다.
없음에는 있음이 비치고 있음에는 없음이 새겨진다.
없음 속에 있음은 참이 되고 있음 밖의 없음은 뜻이 된다.
온울은 없음의 뜻을 연다.

온누리는 마음의 있음이다.
온울(우주)의 온나는 빈울로 열려
별의 나를 이루고 별의 온누리를 열고 있다.
모든 목숨의 있음 속에 마음의 빈으로 살고 있다.
뫼들물(자연)은 목숨의 마음이 이룬 마음의 누리다.
보이지 않는 마음은 온누리 뫼들물 모습으로 나타나
온나를 이룬다.

하나인 있음의 앎으로 온누리의 있음을 만난다.
하나의 목숨이 온누리의 목숨으로 만난다.
마음의 깨달음은 온누리 마음에 하나 된다.
하나의 앎을 앎으로 온누리의 앎을 가늠한다.

나로 있음을 만난다.
나의 있음이 있음의 처음이며 마지막이다.
나의 열림으로 있음이 열린다. 나를 만날 때 있음을 만난다.
나의 깨달음은 있음의 깨달음이다.
있음으로 나를 만난다.
있음을 앎으로 나를 알게 되며
나의 열림과 있음을 알게 된다.

나의 있음은 마음이다.
나의 참은 마음의 길로 이루어진다.
마음의 있음으로 나는 살고 있다.
나는 마음으로 있는 마음이다.
마음은 나를 이루는 길이다.
마음은 온나의 있음을 이루는 온울(우주)의 마음이다.
나는 온울의 온나의 있음이며 온울의 있음이다.

참온과 한온에서 나타난 있음은
참온과 한온의 무거운 짐을 지고 있다.
나는 참온과 한온의 삶을 살아가고 있다.
나의 삶은 참온과 한온의 길 위에 있다.
나의 앎은 참온과 한온을 앎이며 참온과 한온을 이룸이다.
나는 온나 속에서 온울의 이룸을 이루고 있다.

나가 없는 있음은 없다.
나를 잊은 있음은 있음이 없고 나가 없는 있음은
온울이 없다.
나와 있음은 하나로 열린다. 있음이 없는 나는 없다.
나는 있음으로 열리는 있음이다.

보이지 않는 나가 있음으로 보인다.

나가 이루는 있음으로 나가 보인다.
나와 하나인 있음을 하나의 마음으로 보고 있다.
나의 마음이 이룬 온누리 있음에서 나의 마음의 모습이
보인다.
뫼들물(자연)은 나의 마음이 이루고 있는 나의 있음의
모습이다.

온울(우주)의 있음을 있음의 나가 깨닫는다.
온울이 온울을 보게 되어 목숨으로 목숨을 보며
있음으로 있음을 본다.
나가 나를 본다.
참이 길이 되어 길이 참이 된다.
온울이 나가 되어 나가 온울이 된다.
온울과 나가 하나로 하나의 이룸이다.

있음이 있음은 나의 있음이다.
있음을 비치면 나가 밝혀지고 나를 비치면 있음이 밝혀진다.
있음을 알 때 비로소 삶을 알 수 있다.
있음과 나는 하나의 삶이다.
삶은 있음의 삶이며 있음은 삶의 있음이다.
서로 다른 갈피가 하나를 이루고 있다.
나의 있음은 온울의 있음이며 때없음과 끝없음의 있음이다.

저마다의 나는 온울(우주)의 나다.
온울은 저마다의 나로 이루어진다.
저마다의 있음이 온울의 있음이다.
저마다의 목숨으로 온울의 목숨이 있으며
저마다의 삶이 온울의 삶이다.
하나하나의 나가 온울의 나다.

나에 하나됨으로 나는 이룩된다.
나 스스로에 어긋나면 나는 이루어 질 수 없다.
나는 나에 하나됨으로 있으며 스스로에 하나됨에 삶이 있다.
나는 나에 하나된 있음으로 나의 이룸은 나와 하나될 때
이룩된다.

나를 벗어나면 나는 없어진다.
있음은 있음을 벗어날 수 없다.
있음을 벗어날 수 없음은 목숨을 벗어날 수 없음이다.
저마다의 있음과 목숨은 온울의 있음과 목숨 속에 있다.
저마다의 나는 온나 속에 있다.
나는 온울(우주)의 있음과 목숨 속에 있는 온나다.

나를 알 때 나는 비로소 이루어 진다.
앎은 나의 있음이며 이룸이다.
앎의 있음이 열리면 앎의 없음도 열린다.
나의 앎으로 나는 있음을 이룩한다.
나는 앎으로 이루어진다.
없음의 앎으로 앎이 더 뚜렷해 진다.
나의 있음의 이룸도 더욱 새롭게 열린다.

온울(우주)은 사랑의 목숨이며 사랑의 있음이다.
나타남은 태어남이니 태어남에는 사랑이 있다.
사랑으로 열림이 있으니 사랑의 뿌리인 목숨의 있음이다.
온울의 바탕과 뿌리는 사랑의 있음이다.

사랑이 없는 있음과 목숨은 온울(우주)이 없다.
사랑을 모르는 있음과 목숨은 나가 없고
나가 없는 있음과 목숨은 나의 온울이 없다.
온울이 없으면 삶도 있음도 없다.
사랑도 마음도 없다.

있음을 앎으로 없음이 사라진다.
없음을 앎으로 있음을 만난다.

누리는 나의 처음과 끝이다.

누리는 나와 하나로 열려 있는 나다.

누리는 나를 이루고 있는 나다.
나는 누리를 살고 있는 누리다.
누리는 나로 열려 나를 이룬다.
누리가 있어 나가 있고 나가 있어 누리가 있다.
온누리는 보이지 않는 온나의 있음이며 온나의 모습이다.

나는 누리로 온울(우주)과 하나로 열려 있다.
온울은 누리로 나에 열려 있다.
온울은 누리로 나를 이루고 있다.
누리 속에서 나는 온울과 하나로 숨쉬며 살고 있다.
나의 누리는 온울의 누리며 온누리는 온울의 있음이며
목숨이다.
온누리의 모습은 온울의 모습이며 마음이다.

누리의 삶은 온울의 삶이다.
뫼들물(자연)의 삶은 온울의 삶이다.
온울이 뫼들물이 되어 나와 살고 있고
나는 뫼들물로 온울을 살고 있는 온울이다.
누리의 있음은 온울의 있음으로 온울의 삶숨이다.

나의 누리로 나의 참을 만난다.
나의 누리로 나의 온울이 열린다.
나와 나의 누리와 온울은 하나로 열린다.
나의 누리는 하나의 나의 온울이다.
나의 누리는 나의 참을 열고 있는 나의 온울이다.

누리는 참의 처음과 끝이다.
누리로 참이 열려 참을 만난다.
참이 누리로 열려 누리를 만난다.
누리로 참을 알게 되고 참으로 누리를 알게 된다.
누리와 참은 하나며 누리와 나도 하나다.
누리가 있어 참이 참을 만나며 누리가 누리를 깨닫는다.
누리는 참의 이룸이니 나의 누리로 나를 만난다.

참은 누리의 누리다.
참으로 누리가 열려 누리의 누리다.
참이 나타남이 누리의 열림이다.
누리는 참으로 열린 참의 누리다.
하나의 참이 끝없이 다르게 바뀌며 누리로 열린다.
끝없는(무한) 참은 끝없는 누리로 열린다.
참의 누리를 앎으로 누리의 참이 열린다.

참은 때없는(영원) 누리다.
누리는 언제나 참으로 열린다.
참은 언제나 누리로 나타난다.
참의 열림이 누리며 누리의 열림이 참이다.
참으로 누리가 있고 누리로 참이 열린다.
누리는 때없는 참의 있음이다.

참이 없는 누리는 없다.
참의 열림이 누리의 열림이다.
끝없는(무한) 누리의 열림으로 참이 나타난다.
온누리는 참을 이루는 참의 있음이며 모습이다.
끊임없이 바뀌는 온누리는 누리의 끝없음이며
참의 끝없음이다.

누리를 보는 것은 참을 보는 것이다.
참이 누리로 펼쳐져 눈 앞에 있다.
보이지 않는 참이 보이는 참으로 나타나 있다.
누리의 모습이 참의 모습이다.
알 수 없는 참이 앎을 이루고 있다.
누리를 이루고 있는 있음의 앎이 참의 있음이다.

나는 누리로 나를 만난다.
누리로 열려 누리를 이루고 누리가 되어 나를 만난다.
이때 여기의 나는 누리를 이루고
누리를 살고 있는 이때 이곳의 누리다.
나에게 열려 있는 누리는 나의 목숨과 있음의 누리다.
나의 누리는 누리의 나다. 하나의 열림과 이룸이다.

빛의 열림이 누리다.

빛과 누리는 하나로 열리는 하나다.
빛이 사라지면 어둠의 누리도 사라진다.
어둠은 빛의 어둠이다.
빛과 어둠은 하나의 누리다.
빛과 어둠은 누리로 열리고 사라지는 누리다.
나의 누리는 빛의 누리다.

누리는 온울(우주)을 이루는 온울이다.
온울의 이룸은 끝없는 누리와 누리의 이어짐이다.
누리와 누리 속에 온울이 있고 이룸이 있다.
온울의 누리는 누리의 온울이다.
온울이 누리로 열려 있다. 열려있는 누리가 온울이다.
온울과 누리는 하나다. 나에게 열려 있는 온울이 누리다.
하나의 있음 속에 끝없는 있음이 열려 있다.
하나의 목숨 속에 끝없는 목숨으로 열려 있다.

누리는 온울(우주)이 열어 준 나의 온울이다.
온울은 끝없는(무한) 누리로 열려 있는 가운데
나는 나의 누리로 온울과 열려 있다.
나의 누리는 온울의 누리 속에 있는 끝없는 누리 가운데
하나다.
나의 앎이 닿아 있는 온울의 누리다.
나로 열린 나의 누리가 나의 온울이다.
나의 앎으로 누리가 되고 온울이 된다.

온울(우주)은 누리로 나의 온울을 이룬다.
누리로 나를 이루고 있다. 나로 누리를 이루고 있다.
나의 있음과 목숨으로 온울이 살고 있다.
누리는 온울이 나를 열고 나를 이루며 살고 있는 온울의
삶이다. 누리 속에 나는 누리며 온울이며 나다.

온울(우주)은 누리의 빈울이다.
누리가 열리고 사라지는 빈울은 누리다.
빈울은 끝없는(무한) 누리며 나타나고 사라지는 누리의
있음이다.
온울은 때없는(영원) 누리로 열리고 닫히는 누리의 목숨이다.
온울은 누리 열림의 이룸인 빈울로 끝없이 열려 있다.

누리는 삶으로 펼쳐진다. 참도 누리도 목숨의 삶이다.
삶은 모두 하나의 삶이다.
모두의 삶이며 모든 삶이다.
누리는 모두의 삶으로 열려 있다.
삶으로 누리가 있다.
나의 목숨의 삶으로 누리는 열려 있다.

참을 벗어난 삶은 없다.
삶은 참의 삶이다.
목숨을 이루는 삶은 참의 이룸이다.
참을 벗어난 누리는 없다.
누리의 참은 누리의 앎으로 알게 된다.

온울(우주)은 누리의 삶으로 와 있다.
누리는 온울의 삶으로 열려 있다.
나도 누리도 온울의 삶속에 누리의 삶을 살고 있다.
온누리를 이루는 하나하나의 있음과 목숨의 삶이
온울의 삶이다.
누리의 삶은 온울과 나가 하나로 살고 있다.

온울(우주) 만의 누리다.
누리가 열리고 있음을 이루는 모든 길은
온울로부터 열린 온울의 누리다.
온울 만의 길이며 온울 만의 누리에 온울의 삶이 열려 있다.
온울의 참이 열려 있고 길이 이루어지고 있다.

누리는 끝없이(무한) 길을 열고 길은 끝없이 누리를 연다.
누리는 참의 들로 펼쳐져 땅처럼 열려 있다.
하늘로 열리고 땅을 이루며 온누리가 된다.
길은 빗물이 모이고 샘으로 솟아 누리를 이루는 물길이 되어
바다에 다다른다.
누리의 이룸이 길이다.

보이는 누리는 보이지 않는 누리로
보이지 않는 누리가 끊임없이 보이는 누리로 나타난다.
나타난 누리는 사라진다.
보이는 누리 뒤에 누리의 참이 있고
누리를 이루고 있는 온울의 삶숨이 열려 있다.
보이는 있음 뒤에는 보이지 않는 마음의 누리가 있다.

알 수 있는 누리는 알 수 없는 누리에 있다.
알 수 있는 누리는 나와 하나로 열려 있는 나의 누리다.
나의 누리로 나의 앎이 열려 하나로 닿아 있다.
누리는 끝이 없으나 나의 누리는 끝이 있다.
앎의 누리는 끝이 있으나 모름의 누리는 끝이 없다.

이 누리는 끝없는(무한) 다른 누리들 속에 있는 하나로
끊임없이 바뀌며 새로워지는 누리 속에 있는 누리며
나타났다가 사라지기를 끝없이 거듭하는
누리의 흐름 가운데 있는 하나다.

누리는 끊임없이 바뀜으로 살아있다.
온울(우주)이 살아 숨쉬는 삶이다.
누리는 나로 열려 있고 나를 이루고 있는 목숨으로
누리의 목숨은 살아 숨쉬는 움직임이니
늘 바뀌며 새로워져 앞으로 나아가며 이어진다.

누리는 있음과 목숨에게
열려있는 온울(우주)이다.

누리는 나를 이루고 있는 온울로
있음과 목숨의 삶을 열고 온울의 온나를 이루고 있다.
나의 삶이 온울의 누리며
온울의 삶으로 나의 누리로 온울이 살고 있다.
나의 목숨으로 온울이 숨 쉬고 있다.

누리는 온울(우주) 속의 온울이다.
누리의 온울이 온울에 들어 있다.
누리의 목숨에 목숨이 들어있고
누리의 마음에 마음이 들어 있으며
누리의 나에 나가 있다.
온울의 있음은 빈울 누리로 열려 누리 속에서 빈울의 누리로
온울이 살고 있다.
누리는 겹쳐진 갈피 속으로 열려
저마다의 있음과 목숨의 무리와 울을 이루고
온울의 삶을 열고 있다.

온울(우주)이 나의 누리가 되어 온울의 누리를 보고 있다.
온울을 이룬 누리가 나로 열려 온울을 바라보고 있다.
온울이 누리로 스스로를 느끼고
눈을 열고 끝없는 나가 되어 나의 온울을 보고 있다.
저마다의 나의 눈으로 온나를 이루고 있다.
저마다의 누리로 저마다의 온울을 보고 있다.

나는 빈울 속에 끝없이 있다.
빈울에서 나는 누리로 끊임없이 열리고 사라진다.
누리는 나의 열림과 사라짐이다.
빈울은 끝없는 누리의 있음이다.
누리의 있음은 나의 있음이며 목숨의 있음이다.
나는 누리로 빈울 속에서 끝없이 살고 있다.

빈울은 온울(우주)의 끝없는(무한) 누리로
비움으로 열려 있는 누리다.
나타나지 않은 누리는 끝이 없다.
누리의 끝없음이 온울의 있음이다.
빈울은 온울의 열려 있는 누리로
끝없는 누리가 나타나고 사라진다.
나타나지 않은 누리는 가늠할 수 없으며
열리지 않은 나는 알 수 없는 나다.

누리는 빈울로 열려 있는 빈울이며
빈울은 누리로 열려 있는 누리다.
빈울은 온울(우주)로 열린 누리다.
빈울의 열림이 누리며 누리의 열림이 빈울이다.
누리는 나에게 열린 빈울이다.
있음과 목숨으로 빈울이 있고 누리가 있다.
빈울은 있음이며 목숨이다.
빈울은 목숨과 있음을 여는 누리며
있음과 목숨으로 열린 누리다.

온누리는 한누리로 한누리가 온누리를 연다.
한누리가 아니면 온울(우주)을 이룰 수 없다.
있음과 목숨의 온누리가 열릴 수 없다.
온울은 빈울로 한누리다.
온누리는 하늘과 빈울 속에 한누리며
나타난 누리는 마음의 누리로
보이지 않는 마음이 살아 움직이는 누리다.
온누리는 한누리 속에 있는 한마음의 누리다.

빈울은 별들의 누리로 온울(우주)이 별의 끝없는 누리를 열어
빈울이 별이 되고
별은 빈울이 되는 빈울로 별이 있는 누리다.
별은 빈울누리가 만드는 빈울의 별이다.
보이는 별은 나타나지 않은 끝없는 별들의 있음을 말해준다.
보이지 않는 빈울의 있음을 알려 준다.

별속의 누리는 별의 하늘이다.
별의 하늘이 별 속의 빈 누리에 하나로 열려
별의 삶을 이루며 살고 있다.
별의 목숨과 있음을 이루는 마음을 열고 있다.
별의 빈울 속에 끝없는 별이 숨어 있다.
별속의 빈 누리는 빈울에 열려 있다.
별의 빈울은 하늘의 누리며
끊임없이 있음의 마음이 나타나고 사라지는 별의 삶이다.

땅의 하늘은 땅의 마음으로 열려 있다.
빈울이 하늘이 되어 땅의 있음과 목숨 속에 들어있다.
하늘과 땅이 하나의 있음과 목숨과 마음이다.
빈울의 누리 속에서 땅 위의 온누리는
빈울로 열린 온나로 살고 있다.
빈울이 땅의 온누리 속에 빈으로 열려 있다.
땅의 삶으로 마음으로 열려 있다.

빛의 열림과 어둠의 열림이 누리다.
온울(우주)의 열림과 흐름이 누리로 빛의 퍼짐과 같으며
물의 번짐과 같으며 바람의 흐름과도 같다.
누리는 모든 것으로 열려 있는 온울의 빈울로
있음과 목숨의 나를 이루는 모든 것이다.
나는 누리를 이루고 있는 누리다.
누리는 참을 이루는 길로
빈울 속에 아무것도 이루지 않는 것처럼 비어 있다.
누리는 온누리를 가득 채우는 빈이다.

누리는 안개와도 같다.
어둠에 덮여 있고 어둠을 덮고 있다.
빛을 가리고 있고 빛에 가려져 있다.
가까이서는 보여도 멀어질수록 보이지 않는다.
함께 있을 때는 알아차리지 못하고
멀리 떨어져서야 뒤늦게 깨닫게 된다.

누리는 때없음(영원)과 끝없음(무한) 속을 떠다니는
구름과 같다.
어두운 참온과 한온의 바다에 때와 울의 구름이 비치고 있다.
때와 울의 거울 속에 때없음 끝없음이 열려 있다.
누리의 있음에 참온과 한온이 비치고
때울의 누리로 때없음 끝없음이 어른거린다.

나의 누리로 온울(우주)이 열려있다.

온울은 나의 누리로 열린 누리로
온울은 누리로 열리고 누리로 이룩된다.
온울과 누리와 나는 하나며 나도 온울도 누리로 이루어진다.
온울은 보이지만 나는 보이지 않는다.
나로 이루어진 나의 온울은 보이지만
온울의 온나는 보이지 않는다.

있음과 목숨의 누리는 하늘과 땅이다.
하늘과 땅으로 있음과 목숨의 누리가 있다.
하늘과 땅이 연 누리의 뫼들물(자연)이 있음과 목숨의 누리다.
있음과 목숨의 나는 하늘과 땅이다.
하늘과 땅은 끊임없이 나로 열리고
나는 끊임없이 하늘과 땅의 누리를 이루고 있다.
나는 하늘과 땅으로 열린 누리의 뫼들물이다.
나의 누리는 별의 삶이다.

나의 삶이 누리니 열림이 이미 누리며
태어나고 깨어남이 이미 나의 누리다.
누리는 나의 누리를 열고 나의 있음과 목숨을 살고 있다.
나의 처음과 끝이 모두 누리며 누리의 처음과 마지막이 나다.

누리는 보이는 나며 나는 보이지 않는 누리다.
나는 누리를 열고 모습을 드러낸다.
나의 마음으로 보이는 누리는 마음의 누리다.
온누리의 나가 누리의 모습을 이루고 있다.
누리의 마음으로 나타난다.
나의 마음의 누리가 있어 있음과 목숨으로 나타난다.

있음과 목숨은 나의 누리로 온울(우주)을 만난다.
나의 누리로서만 온울을 볼 수 있다.
누리는 나의 누리의 둘레로 참을 열어준다.
누리가 참이 되고 나가 된다.
나의 누리는 나를 열고 나를 이루고 있는 나다.
누리는 나만의 누리가 아니며 모든 누리도 아니다.

저마다의 있음과 목숨은 무리마다 누리로 있다.
무리마다 누리의 갈래가 열려 무리있음의 누리가 열리고
저마다의 있음목숨을 이루고 있다.
저마다의 무리는 무리마다 갈피져 열린 누리를 이루며
살고 있다. 무리의 다름은 누리의 다름이다.
누리는 다른 갈래로 퍼지며 이어진다.

누리모습은 나의 모습으로 나와 하나로 열려 있는
나의 마음이다.
보이지 않는 나는 누리의 모습으로 나타난다.
무리에 보이는 누리의 모습은 무리의 누리로 열려 있는
모습이다.
무리의 누리를 이룬 무리의 마음과 앎에 열려 있는 누리다.
나의 누리의 모습이 나의 마음에 열려 있다.

누리는 나와 하나로 있는 온울(우주)이다.
누리는 온울의 삶으로 나의 삶이다.
온울과 내가 한누리인 하나의 삶이다.
나는 누리로 온울을 이루고 있다.
누리는 나의 이룸이며 온울의 이룸이다.
누리는 나를 이루고 있는 온울로
뫼들물이 온울을 살아가는 누리다.

누리는 나의 앎이다. 나의 앎은 누리의 앎이다.
누리의 앎으로 누리의 삶 속에 있는 나는 마음의 앎을
이루고 있다.
온누리는 빈울 속에서 온울(우주) 마음의 앎으로 열려 있다.
나의 온울이 나를 열어 온울 누리의 마음으로 있다.
누리 마음으로 온울의 마음이 나를 열고 있다.

나는 누리 속의 누리며 누리는 나 속에 나다.
나와 누리는 하나로 갈피를 섞으며 틀을 이루고 열려 있다.
서로 나눌 수 없는 빈으로
하나의 있음과 목숨과 마음을 열고 있다.
온울(우주)로 열리고 온울을 이루는 나의 이룸은
누리 속의 누리로 끝없이 겹쳐진다.
몸과 마음의 누리가 섞이며 누리의 누리를 열어간다.

누리의 있음에 하나될 때 마음에 하나된다.
있음에 하나됨으로 있음의 모습이 마음으로 열린다.
목숨의 마음에 하나되면 목숨의 있음이 온울로 열린다.
누리 있음의 앎으로 누리의 목숨에 다가간다.
누리 바탕에 하나됨으로 누리의 뿌리가 열린다.

사람이 있음은 온울 속에
사람의 누리가 있음이다.

온울의 몸과 마음으로 나의 몸과 마음이 이루어져 있다.
온울의 누리가 나를 이루고 있으며
사람의 누리는 뫼들물의 누리 속에 있고 온누리 속에 있다.
누리는 나를 이루고 나를 살고 있는 온울이다.
온울이 사람을 이루게 됨은 온울 속에 사람이 있음이며
온울의 바탕과 뿌리에 사람의 바탕과 뿌리가 있음이다.

사람이 온울(우주)에 하나됨으로 온울은 사람의 누리를
열어준다.
사람은 온울에 하나됨으로 열려 있는 있음이며
하나되지 않으면 살 수 없는 목숨이다.
온울의 참과 길을 벗어나면 사람은 온울에서 사라진다.

온울(우주)의 온나로 사람의 나가 있다.
나만의 누리나 사람만의 누리는 있을 수 없다.
나의 누리는 뫼들물(자연)과 온누리를 이루는 온울로 열린
온나의 누리다.
온울의 온나로 사람의 나가 있고 마음이 있다.
나는 온나로 열려 온울을 이루고 있다.

누리의 참을 잊으면 누리의 길은 잃는다.
누리로 열린 나는 누리의 참을 벗어나면 나의 길이 끊긴다.
나의 참을 벗어나면 나의 삶을 잃게 된다.
나의 참은 누리의 참과 하나로 열린 하나다.
나의 길은 누리의 길로 열려 있다.
내가 누리의 빛을 깨닫지 못할 때는 누리의 어둠만을
보게 된다.

마음의 참됨으로 참이 열리고
참된 마음에서 참의 앎이 나타난다.
온울(우주)의 참에서만 온울의 앎이 나타난다.
모든 있음과 목숨은 온울의 참으로 이루어진 참이며
참을 벗어난 있음과 목숨은 없다.
있음과 목숨의 앎은 참에 있다.
참된 마음으로만 참이 이룩된다.

참의 힘은 참된 앎에서만 이룩된다.
온누리 속의 모든 앎이나 힘은 참의 있음으로
참이 아니면 어떤 앎도 힘도 열릴 수 없다.
앎은 참을 앎이며 힘은 참을 이룸이다.

참온과 한온에서 온울(우주)의 스스로움이 열린다.
스스로움의 참온과 한온으로 온울이 열린다.
열림과 태어남은 모두 스스로움의 이룸으로
온울의 있음과 목숨은
참온과 한온의 열림인 스스로움의 이룸이다.
나의 열림은 스스로움의 태어남이다.
나의 참된 누리는 스스로움에서 열린다.

참은 스스로움(자유)을 연 스스로움이다.
참의 열림은 스스로움의 이룸이니
참온과 한온의 스스로움이 깨어남이며
스스로움이 아니면 참은 열릴 수 없다.
스스로움으로 스스로움을 열고 깨어날 때 참이 열린다.

누리는 참의 스스로움(자유)을 이루는 삶으로
참이 열리고 퍼지며 이루는 누리는
온울의 참의 스스로움이다.
온울의 누리로 온울을 사는 나의 삶은
스스로움으로 열린 참의 누리다.

있음과 목숨의 열림은 빈울의 스스로움(자유)이다.
빈울의 스스로움은 누리의 스스로움이다.
누리의 스스로움이 있음과 목숨을 이룬다.
있음과 목숨의 온누리는 빈울의 스스로움 속에 있다.
빈울은 스스로움의 누리로 스스로움의 참을 이루며
길을 열어준다.

누리는 나의 스스로움(자유)이다.
나의 누리로 나의 스스로움이 열린다.
누리의 스스로움은 참의 스스로움이며
참의 스스로움 속에 나의 스스로움이 있다.
나는 나의 스스로움이다.
나는 나의 스스로움을 열고 있다.
누리의 있음은 나를 이루는 바탕이며
나의 이룸은 스스로운 누리의 뿌리다.

스스로움(자유)은 흐르는 물과 같다.
하늘과 땅이 열리고 하늘과 땅을 이루는 누리는 물과 같다.
온누리의 돌아가는 흐름은
바람과 같고 구름과 같은 스스로움이다.
누리의 스스로움이 누리를 있게 한다.

햇빛은 나의 참을 보여준다.

뫼들물(자연)의 목숨을 이루고 온누리의 삶과 마음을 여는
햇빛은 나의 스스로움을 새겨 준다.
나는 햇빛으로 열려 햇빛을 바라본다.
햇빛의 목숨으로 마음으로 열려 해의 삶으로 살고 있다.
햇빛 속에 나의 스스로움의 길이 열려 있다.

참이 빛나는 별은 빈울의 사랑으로 열린다.
빈울의 보이지 않는 사랑의 마음은 별이 되어 나타난다.
별의 있음과 목숨으로 사랑의 마음이 열린다.
온울의 온누리를 이루는 있음과 목숨은 빈울의 사랑으로
열려 있다.
빈울 속에서 열린 별에는 보이지 않는 온울의 사랑이
들어 있다.

때와 울의 열림은 사랑의 열림이니
때없음(영원)과 끝없음(무한)의 사랑이 온울 온누리를
이루고 있다.
보이지 않는 사랑의 때와 울이
온누리 뫼들물의 있음과 목숨의 참으로 열려 있다.
있음과 목숨의 바탕으로 열려있다.

사랑은 있음과 목숨의 뿌리다.
있음과 목숨을 이루고 있는 누리는
사랑의 열림이며 이룸이다.
온울의 열림과 이룸 속에 사랑의 바탕이 열려 있고
사랑의 뿌리가 뻗어 있다.
빈울 스스로움의 누리로 사랑을 열고 있다.
사랑은 스스로움의 열림이다.
있음과 목숨의 누리를 사랑이 열고 있다.

사랑은 참 착한 아름다움이다.
사랑으로 참이 열린다. 참의 스스로움이 사랑이다.
사랑의 힘으로 참이 이루어짐이 착함이다.
사랑으로 목숨이 열리고 목숨을 이루는 삶이 착함이다.
착함의 이룸이 아름다움이다.
온울(우주)의 바탕을 연 사랑이 참이 되어 착함을 이루고 아름다움에 이르른다.
참 착한 아름다움의 바탕과 뿌리는 사랑이다.

누리는 사랑의 이룸이다.
사랑이 없으면 누리가 없다.
사랑의 참이 누리를 열고 누리는 사랑의 착함으로
이루어진다.
사랑이 열리는 누리에는 아름다움이 이루어진다.
사랑은 아름다움의 누리며 아름다움은 사랑의 누리다.

참 착함 아름다움은 무지개 같다.
한바탕 비가 내린 뒤 반짝 개인 하늘에 무지개가 나타난다.
단비를 머금은 땅의 뫼들물에 해질 무렵
아름다운 무지개가 떠 있다.
무지개 같이 눈부신 누리가 별과 땅의 삶으로 나타난다.

참의 마음은 뫼들물(자연)이다.
뫼들물은 참이 열고 참을 이루는 참스러움이다.
뫼들물을 이루며 살고 있는 참의 마음이다.
뫼들물스러움은 참스러움의 이룸이다.
참스러움을 이루는 뫼들물은 참 마음의 있음이다.

뫼들물(자연)은 참의 힘이다.
참의 마음을 이루고 있는 뫼들물은 참의 힘의 있음이다.
뫼들물로 참의 힘이 열려 참을 이루고 있다.
참의 힘이 드러나는 참스러운 뫼들물은 참된 힘이다.
뫼들물스러움을 넘어선 힘은 없다.
뫼들물의 힘은 온울의 힘이다.

누리는 참을 보여주고 길을 열어준다.
누리는 참으로 열린 참의 있음이며
누리의 모습은 온울(우주)참의 모습이다.
나를 이루는 누리는 나의 길로 열려 있다.
나의 길은 누리 속에 있다.
누리는 길을 닦는 길의 이룸이다.
온울의 마음이
빈울에 비치는 뫼들물(자연)은 참을 알려주고
길을 보여준다.

누리의 글은 참으로 써진다.

참으로 열려 있는 누리는 모두 글이다.
참으로만 써지는 글이며 참의 눈으로만 볼 수 있는 글이다.
참의 앎이 끊임없이 깨우침을 열어주는 말이다.
누리의 모습은 끝없는 마음의 참으로 읽게 된다.

누리의 모습은 온울(우주)의 뜻이다.
온울이 열어주는 누리의 모습은
빈울 속에 온나의 마음에 뜻으로 열린다.
온울과 누리 속에 나는 온나의 나로 열린 마음이다.
누리에 보이는 온울의 뜻은 온울의 마음이다.
나에게 뜻으로 보이는 누리의 모습은 온나의 이룸이다.

나의 누리는 누리의 나에 있다.
누리를 열고 누리로 열리는 나에 나의 누리가 열려 있다.
누리는 나가 열고 이루는 나다.
나는 나로 열려 나를 이루고 있는 누리다.
하나의 누리는 하나의 나다.
누리의 나가 나의 누리를 이루고 있다.

누리의 참은 나의 힘이다.
힘은 참에 있고 참의 힘은 나에 있다.
참의 힘은 나로 열리고 나를 이룬다.
참과 나는 하나의 바탕으로 하나의 뿌리로 열린 누리다.
나의 있음은 참을 이루는 참의 힘으로 이때 여기에 있다.
참은 나의 힘으로 삶을 이루고 있다.
나는 참의 살아 있는 힘이다.
참의 살아 있는 누리가 나의 삶이다.

나는 참을 떠날 수 없다. 나는 참과 하나이기 때문이다.
있음과 목숨을 떠날 수 없듯이 누리를 벗어날 수 없다.
나를 벗어날 수 없듯이 참을 떠날 수 없다.
나는 참으로 이루어지고 참을 열어가는 참이다.
참으로 열린 누리의 있음이다.
참의 누리를 이루는 참의 목숨이다.
참은 나를 떠날 수 없는 나다.

나의 힘은 목숨의 힘으로 삶의 힘이다.
때없는(영원) 목숨은 끝없는 삶의 힘이 있다.
때없는 나는 목숨과 하나며 목숨으로 나의 누리가 열려 있어
나의 삶이 있다.
목숨은 삶의 힘이다.
나의 삶 속에 하나 하나 열려 있는 힘이다.
목숨의 참과 하나로 열린 나의 힘은 삶의 힘으로
온누리 뫼들물을 이루고 있다.

온누리는 참의 삶이다.
온누리는 목숨의 삶이다. 참과 목숨과 누리는 하나의 삶이다.
삶의 힘으로 펼쳐진 온누리는 참의 이룸이다.
온누리는 하늘과 땅과 별의 삶으로 해와 달로 이뤄진 삶이며 해와 땅과 달의 힘으로 이루는 이룸이다.
보이는 온누리는 참 목숨의 삶이며 나의 삶이다.

삶은 앎으로 누리에 하나된다.
앎은 삶으로 열린 하나의 누리다.
앎은 나를 알려주며 참을 알려준다.
앎은 누리의 끊임없는 하나됨이다.
나를 이루며 누리를 이루며 온울(우주)로 나아간다.
온누리는 앎의 삶이다.
누리의 앎으로 누리의 삶이 하나로 이루어진다.

나의 앎은 참의 앎이다.
참이 나를 열고 참을 알게 한다.
누리는 나의 앎은 참의 앎이라는 것을 알려준다.
나의 열림과 삶을 이루는 앎은 누리를 이루는 참의 앎이다.
누리는 앎의 이룸이다.
누리로 열린 나의 삶을 앎으로 이룬다.
앎은 참으로 열리는 참으로 참을 이루는 참이다.

앎은 끝없는 누리다. 누리는 앎으로 열린 앎이다.
온울(우주)의 참의 끝없음은 앎의 끝없음이다.
빈울 속에 나타나지 않은 많은 별들은 앎의 끝없음으로
온울의 앎이 빈울 속에 끝없이 열려 있다.
앎으로 누리가 열려 있다. 온울의 앎이 온울의 누리다.

나의 삶은 앎의 삶이다.
누리의 앎이 나의 삶을 이룬다.
삶은 끊임없이 앎으로 이루어진다.
앎의 넓이가 삶의 넓이가 되며
앎의 깊이가 삶의 깊이가 된다.
나의 삶의 넓이와 깊이는 나의 앎에 달려 있다.
누리는 앎으로 열린 삶이다.
온울(우주)의 앎이 이루는 온울의 삶의 누리다.

나를 앎으로 남을 얻는다.
나를 알 때 비로서 남이 보이게 되고
나는 남을 보면서 나를 이루게 된다.
나를 앎으로 나를 열 수 있다.
나의 있음은 남의 있음으로 있음을 알며
나의 목숨도 남의 목숨과 함께 있음을 깨닫는다.
나를 알 때 온누리를 알 수 있다.

앎을 앎으로 모름을 알게 된다.
앎의 참으로 참을 알 수 있고 참의 앎으로 앎을 알게 된다.
앎은 참으로 열려 있는 참이다. 참이 나아가는 길이다.
참의 앎은 모름의 참을 열어준다.
앎이 무엇인가를 알 때 모름이 다가온다.

나는 누리로 깨닫는다.
누리는 온나의 앎이 거듭 쌓이고 쌓여 이루는 삶이다.
누리의 삶에서 나의 삶을 본다.
참이 펼쳐놓은 누리는 참의 가르침으로
나는 끊임없이 누리를 배우며 누리를 이룬다.
누리는 끊임없이 나를 보여주며 깨우쳐준다.
누리는 나의 거울로 나를 열어 나를 보여준다.
나는 누리의 앎으로 나를 이루고 누리를 이룬다.

누리의 앎은 하나됨으로 열린다.
나의 울을 열어 하나가 된 온누리를 받아드릴 때
앎이 열린다.
열린 누리를 나의 울로 막지 말고
누리를 이루고 있는 앎의 바탕과 뿌리를 찾아 읽어야 된다.
온누리는 나와 하나의 있음이며 하나인 목숨이다.
나는 누리의 하나로 여기에 열려 있다.

누리는 나의 마음으로,
온울(우주)의 앎으로 열린 하나의 마음이다.
마음으로 열린 누리가 나의 마음을 이루고 있다.
빈울의 누리는 온나로 열린 우리의 마음이다.
빈울의 마음이 있어 누리가 마음을 이루고 있다.
나의 마음은 누리 속에 열려 있고
누리는 내 마음을 이루고 있다.

별의 누리는 별마다 다르다.
누리가 다름은 삶이 다름이며 별에 이룸이 다름이다.
별의 다름으로 온울(우주)은 넓어지고 깊어진다.
별의 다름은 별에 하늘의 다름이며 누리의 다름이다.
별의 다른 누리는 마음의 다름이 된다.
별의 다른 마음이 다른 누리로 열려 있음이다.
별마다 다른 누리 속에 땅의 누리가 열려 있다.

별은 외로운 있음으로

있음은 외로움으로 이루어진다.
빈울과 다름이 별의 이룸이며 나의 이룸이다.
별의 외로움은 있음의 외로움을 보여준다.
별의 외로움이 나의 외로움을 알려준다.
별과 나는 외로움으로 열린 외로운 있음이다.

별은 온울의 나며 온울의 마음이다.
빈울에서 나오는 나의 마음이다.
나는 별 속의 나다.
별은 나를 열고 있음과 목숨의 외로운 마음을 함께 지닌다.
있음과 목숨의 나는 별의 나로 열리며
별의 누리인 별의 나 속에 있다.
별에서 열리는 나의 있음은 별의 마음이다.

마음의 뿌리에 하나되어 있음의 바탕에 하나된다.
마음이 있음을 열고 있음이 마음을 이룬다.
마음과 있음이 하나로 이루어진다.
마음의 열림을 깨달아 있음의 열림을 깨닫는다.
열림의 뿌리는 하나며 하나의 바탕이다.
마음의 뿌리는 있음의 바탕과 하나다.
열림과 닫힘으로 하나뿐이며 있음과 없음의 하나뿐이다.
때없음(영원)과 끝없음(무한) 속에 하나뿐이다.

땅의 누리는 땅으로 끝없이(무한) 이루어지니
땅의 누리는 땅의 삶에 이룸이다.
땅의 삶은 해의 삶으로 해와 함께 이루며
다른 별들과 하나로 만들어 가는 삶이다.
달과 나란히 함께 이루어가는 삶이다.
많은 목숨을 열고 많은 삶을 이루는 땅은
끝없는 나의 마음이 열리는 별이다.

땅의 누리는 땅의 뫼들물(자연)이다.
땅의 누리로 땅을 알고 땅의 마음으로 땅을 깨닫는다.
땅은 뫼들물로 땅의 나를 이룬다.
땅의 뫼들물은 땅의 마음으로 열린 있음과 목숨이다.
뫼들물은 땅의 삶을 살고 있는 나의 마음이다.
나는 뫼들물이며 뫼들물의 마음이다.

뫼들물(자연)은 하늘과 땅의 삶으로
하늘과 땅이 하나의 누리로 열려 뫼들물을 이루고 있다.
온누리 뫼들물은 하늘과 땅의 마음이다.
하늘과 땅으로 열리는 누리마음이
끊임없이 뫼들물로 나타나고 사라진다.
뫼들물은 하늘과 땅의 삶이며 나의 삶이다.

뫼들물(자연)은 온울(우주)의 마음을 말해준다.
밤하늘에 반짝이는 별만큼 많은 이야기가 들어있고
어두운 빈울처럼 깊은 마음이 열려 있다.
아련히 멀리 펼쳐진 들에는 풀과 꽃과 나무들의
하루가 열리고 푸르고 푸르게 깊고 넓은 바다는 삶의 물결이
출렁거린다.
높고 낮은 뫼들에서는 하늘과 땅이 닿아 있다.

나의 삶은 뫼들물(자연)의 마음이다.
뫼들물의 마음이 나의 삶으로 살고 있다.
나의 마음은 뫼들물의 삶이다.
뫼들물의 삶으로 나의 마음이 열려 있다.

뫼들물에 하늘의 갈피가 들어 있다.
있음과 목숨은 뫼들물에 따른 저마다의 누리가
하늘의 갈피로 열려 있다.
있음에 따라 다른 누리가 열리고 다른 하늘의 갈피가
비쳐진다.
목숨의 무리에 따라 저마다의 누리로 열리는 하늘은
저마다 다른 갈피로 열린다.
하늘의 갈피가 누리와 앎의 갈피가 된다.

누리는 하늘과 땅의 갈피다.
하늘과 땅으로 열리는 누리는 누리의 갈피마다 하늘과 땅이
참을 이루고 있다.
누리가 흐르는 삶의 물결은 하늘과 땅의 삶을 이루고 있다.
있음과 목숨의 무리마다 갈피가 있고
삶의 이룸마다 갈피가 있다.
누리의 갈피로 누리가 다르게 바뀌며 열려 있다.

갈피가 울이며 마음이다.
울을 가르고 마음을 감싸는 갈피가
울과 마음을 이루는 나의 누리다.
누리의 갈피마다 나의 울이 있고 마음이 있다.
뫼들물속 갈피 사이사이 들어있는 하늘과 땅의 누리는
하늘과 땅을 이루고 있는 울로 열려
나의 누리로 열리는 마음이 된다.

누리는 저마다의 하늘이다.
있음과 목숨의 하늘은 저마다의 누리로 열려 있다.
저마다의 삶으로 마음으로 열려 있다.
하나의 하늘이 누리의 다름과 마음의 앎에 다름으로
여러 가지 저마다의 하늘로 열리게 된다.
하늘로 누리가 다르고 누리로 하늘이 다르다.
마음이 다르고 삶이 다르다.

온누리는 나의 바다로

저마다의 나로 누리의 바다를 열고 있다.
온누리는 나의 삶으로 저마다의 삶으로 나의 삶을 이루고
있다.
나가 온누리를 열고 온누리라는 바다를 이루고 있다.
나의 참이 온누리 바다가 되고 나의 길이 온누리의 흐름이
된다.
온누리는 나의 삶을 이룬 삶으로
끊임없이 태어나고 사라지는 삶이 온누리를 이루고 있다.
온누리는 하나 하나의 나의 삶이다.

온누리의 헤아릴 수 없이 많은 나로 나가 있다.
별의 나도 땅의 나도 그리고 뫼들물(자연)의 나도
모두 셀 수 없이 많은 나로
있음과 목숨을 이루는 끝없는 나들이 나를 이루고 있다.
처음의 나가 끝없는 나로 열려 이어지고 있다.
누리는 많은 나로 열려 흐르고 있는 목숨이다.

같은 듯 다른 것이 누리며 다른 듯 같은 것이 누리다.
저마다의 누리가 조금씩 다름으로
누리의 다름을 이루고 갈라지며 퍼져나간다.
그리고 온누리는 누리를 여는 바탕인 빈울로 다름을 넘어서
하나를 이루고 있다.
온울(우주)의 온누리는 같은 것과 다른 것들이
서로 뒤섞여 있고 서로 얽힘으로 어울리며 살아가고 있다.

다름을 알 때 누리를 안다.
나의 다름을 알 때 나를 알게 된다.
나의 다름은 저마다의 다름이며 누리의 다름이다.
있음의 다름에서 있음의 갈래를 보게 되고
목숨의 다름으로 목숨누리의 다름을 알 수 있다.
누리의 다름은 누리의 참을 가늠하게 하며 누리의 길을
열게 한다.

삶의 누리는 누리의 삶이다. 누리의 열림이 삶의 열림이다.
누리의 삶은 나의 삶이다. 누리의 열림은 나의 열림이다.
누리는 삶으로 열린 삶이다.
목숨의 있음이며 나의 있음이다.
삶과 누리는 하나다. 온누리가 나의 삶이다.
누리가 나라는 것을 앎으로 누리의 삶 속에 있는
나의 삶을 본다.
삶의 누리는 누리의 삶으로 열린 누리의 삶이다.

누리의 삶에서 참을 살게 된다. 누리는 헤아릴 수 없는
삶이다. 누리는 끝없이 큰 삶이며 끝없이 작은 삶이다.
누리의 흐름과 이어짐이 모두 보이지 않는 참의 삶이다.
누리의 삶 속에서 참의 삶을 깨닫는다.
나의 삶으로 참의 삶을 새기며 참의 삶으로 나의 삶을
비쳐본다.

참을 떠난 누리는 사라진다.
참을 벗어남은 누리의 없어짐이다.
누리는 참의 있음이다. 참은 누리의 목숨이다.
누리로 열려 있는 있음과 목숨은 누리를 벗어날 수 없다.
참을 벗어난 있음과 목숨은 누리가 없어진다.

마음으로 보이는 누리는 참의 마음이다.
참은 언제나 살아있는 마음이다.
마음의 누리는 참의 있음이다.
어쩌다 열리는 마음이 아니다.
마음을 이룬 참이 마음을 열고 있다.
마음으로 열린 누리가 마음으로 보인다.
참이 아닌 마음은 없다. 참이 아니면 마음이 아니다.

때없음(영원) 끝없음(무한)이 참을 연다.
때없음과 끝없음이 참의 바탕이며 뿌리다.
참도 나도 때없음 끝없음처럼 보이지 않는다.
누리는 보이지 않는 참의 있음이다. 알 수 없는 참의 모습이다.
참의 나타남이 끊임없이 이어온 누리며
끝없이 바뀌며 열어 갈 앞날의 누리다.
참이 아니면 누리는 열리지 않는다.

참이 열려 나의 참을 만난다.

참의 있음으로 참을 알고 참의 이룸으로 참을 보게 된다.
참이 있어 내가 있다.
참이 깨어나 참의 이룸으로 참을 깨우친다.
참이 열려 나의 삶을 살고 있다.
나가 열려 나의 나를 만난다.

누리는 우리의 길이다.
있음과 목숨은 누리 속에 있는 누리의 삶으로 살고 있다.
누리는 우리다.
별의 누리는 별의 길을 열어주고
땅의 누리는 땅의 길로 열려 있다.
땅의 누리는 땅 위의 모든 있음과 목숨의 길이다.
누리는 우리의 삶이다.

있음은 끊임없는 바뀜이다.
누리의 끊임없는 열림과 바뀜으로 있음을 이루고 있다.
열리고 사라지는 움직임으로 있음이 있고 목숨이 있다.
바뀜은 다름과 새로움으로 이어진다.
누리는 바뀜의 길 위에 있어 새로움으로 끊임없이 움직인다.
있음과 목숨인 누리의 바탕은 빈울이다.

마음의 바뀜으로 바뀜이 열린다.
누리의 바뀜은 끊임없는 마음의 바뀜으로부터 이루어진다.
마음은 삶의 움직임이며 누리의 움직임이다.
목숨의 움직임이다.
바뀜은 마음으로부터 열리고 마음에서 마무리 된다.
마음의 바뀜이 누리의 바뀜이다.

누리의 바뀜은 어려움과 늘 마주친다.
이때의 이룸이 저물어 가고 새로움이 열리는 소용돌이가
일어난다.
나는 누리의 바뀜과 마주 서 있다.
삶은 늘 새로움과 만나게 된다.
누리 바뀜의 물길과 삶터의 뒤엉킨 숲 속을 헤쳐나간다.
누리의 끊임없는 바뀜을 넘어서고 이겨낼 때
나의 터를 이루게 된다.

어려움을 이김에 이룸이 있다.
열림은 어려움을 뚫을 때 이루어지며
태어남은 끝없는 참음과 기다림으로 열린다.
온울 온누리는 가늠할 수 조차 없는 어려움을 이겨낸
이룸이다.
어려움이 없이는 이룸이 없다.
끝없는 참음과 기다림을 거칠 때 이룸이 나타난다.

힘들지 않는 삶은 없다.
없음에서 있음을 이루는 것이 삶이다.
어둠에서 빛으로 열린 것이 목숨이다.
나를 열고 목숨을 지키는 삶이 온올을 이루는 길이다.
누리는 힘든 삶을 힘든 것이 아님을 알려주며
나의 빛을 어둠으로 느끼는 어리석음을 깨우쳐준다.
괴로움이 없는 마음은 없다.

빛의 뒤에는 어둠이 있으며 어둠속에는 빛이 있다.
어둠은 빛을 낳고 빛은 어둠을 연다.
빛과 어둠은 번갈아 나타나고 사라지며 누리를 이룬다.
빛과 어둠으로 누리가 있다. 빛과 어둠은 하나의 삶이다.
빛의 누리에는 어둠의 바탕이 있다.
어둠의 누리에는 빛의 뿌리가 있다.

나쁜 마음에는 하늘이 없다.
나쁜 길에 들어서면 하늘이 가려지고
나쁜 마음으로 밝은 빛은 어둠 속으로 사라진다.
나쁜 나에는 마음이 없다.
나쁜 일에는 참이 없다.
빛은 참과 함께 없어진다.

베이고 끊어지는 칼 날 위에서 누리의 참이 드러나고
무너지고 흩어지는 모래알같은 삶 속에서
누리의 목숨이 나타난다.
빛은 어둠을 막아서고 삶은 죽음을 뿌리친다.
누리를 연 참이 누리의 힘으로 나타난다.

삶의 몸부림은 참의 몸부림으로 살기위해 애씀으로
목숨의 참을 지킨다.
삶의 힘은 참의 힘이며 삶의 바람은 참의 바람이다.
삶을 지킴은 온울을 이루는 길이며 누리가 열려 있는 힘이다.
나의 삶은 참의 삶이다.

누리를 지킬 때 나를 지킨다.
나를 지키는 것이 누리를 지키는 것이니
누리를 지키지 못하면 나를 지킬 수 없다.
나는 누리를 지킬 때만 지켜진다.
나를 열고 있는 누리가 나의 삶이다.
누리의 삶이 튼튼할 때 나의 삶도 앞날이 있다.
나는 누리와 하나로 열려 있다.

누리의 힘에서 나의 힘을 연다.
누리의 삶 속에 나의 삶이 있고 누리의 길 속에
나의 길이 있다.
나의 이룸은 누리의 이룸으로 누리의 이룸 속에
나의 이룸이 있다.
누리의 빛이 나의 누리를 비쳐준다.
나의 빛이 누리의 빛을 이룬다.
누리의 힘은 누리의 참에서 나온다.
나의 힘은 누리의 힘 속에 있다.

삶은 참고 이겨나가는 길이며

아픔을 견디는 것이 삶이다.
아픔이 없는 삶은 없다. 힘들지 않는 길은 없다.
목숨은 힘들고 아픈 가운데서 커나가고 뻗어나간다.
풀숲에 작은 들풀들도 저마다의 삶에 어려움이 있다.
땅 위를 기어 다니는 작은 벌레들에도
삶의 고달픔과 두려움이 따라다닌다.
힘들지 않는 이룸은 없다.

힘든 삶을 참는 힘은 사랑이다.
삶의 사랑은 어둠을 밝히는 빛과 없음 속에 열린 나의 있음의
참으로 열려 있다.
나를 열어주고 이어갈 앞날의 나의 사랑이
누리의 참을 지키게 하는 힘의 뿌리다.
있음을 이루어 가고 목숨을 이어가게 하는 온울의 이룸에는
나의 삶의 사랑이 바탕을 이루고 있다.

누리의 이룸은 기다림이다.
내 마음은 언제나 누리보다 앞서 간다.
누리는 누리의 마음으로 움직인다.
누리의 열림은 때와 울이다.
내가 알아차릴 수 없이 빠르게 나타난다.

삶은 빛으로 기쁘고 어둠으로 슬프다.
빛으로 열린 삶은 빛에 하나되어 살아간다.
어둠으로 이루어지는 삶은 없다.
어둠은 삶의 두려움을 연다.
삶은 빛의 삶이다. 빛으로 열린 참의 삶이다.
빛이 삶이며 삶의 빛이다. 삶은 빛의 이룸이다.
빛이 목숨이며 목숨이 빛이다.

참이 없는 삶이 없고 참이 아닌 삶도 없다.
삶은 목숨으로 열린 참의 이룸이다.
모든 목숨의 삶은 참으로 있으며 목숨의 열림은
참의 열림이다.
참은 목숨이며 참의 열림이 삶이다.

누리는,
나에게 열려 있는 참이며 나를 살고 있는 온울(우주)이다.
온울이 아니면 누리도 나도 없다.
누리는, 나를 연 참으로 나에게 와 있는 나의 온울이다.
이 누리가 나를 열고, 나를 이루고, 나를 살고 있는
나의 길이다.
나는 길을 열고 길이 되어 길을 가고 있다.

온울(우주)의 몸과 마음에서 나의 몸과 마음이 열려 있다.
온울이 나의 몸과 마음이 되어 온울의 삶을 살고 있다.
온누리의 모든 있음과 목숨은 온울의 나로 열려 온울이
되어 있다.
있음은 있음으로 목숨은 목숨으로 저마다의 누리로 온울을
이루고 있다.
온울과 나는 한 몸과 마음의 삶이다.

나의 누리는 아직 열리지 않은 끝없는(무한) 누리 속에 있다.
이때 이곳에 나의 누리는
이미 지나간 끝없는 누리에 이어져 열려 있으며
앞으로 열릴 끝없는 앞날 누리의 지나간 누리로 이때 이곳에
열려 있다.

저마다의 누리 속에 그 있음이 있다.
있음에 따라 목숨에 따라 누리의 다름으로
나의 열림과 마음의 이룸이 다르다.
있음의 삶과 목숨의 삶이 다르며 앎이 다를 수 있다.
그 있음과 목숨이 그 누리다.

있음과 목숨의 다름에서 누리의 갈피가 있다.
누리의 갈피는 마음의 갈피가 되어 삶의 다름이 된다.
앎의 다름이 되고 믿음의 다름으로 이어진다.
삶의 다름으로 이룸의 다름이 된다.
있음의 누리가 다르고 목숨의 누리가 다르다.

누리의 갈피는 나를 이루는 껍질이다.
때와 울을 이루고 다름과 바뀜으로 누리를 이루며 나아간다.
누리의 갈피가 누리를 앎으로 열어 준다.
누리 속의 나는 나만의 울을 이루며 살고 있다.
나의 누리는 나의 갈피며 마음과 앎의 갈피다.
누리의 갈피로 나의 있음과 목숨이 이룩된다.

보이는 누리 속에는
보이지 않는 누리가 있다.

보이지 않는 누리로 보이는 누리가 나타난다.
보이지 않는 누리를 알 때 보이는 누리를 알 수 있다.
볼 수 있는 누리 밖에는 볼 수 없는 누리가 있다.
알 수 있는 누리 밖에는 알 수 없는 누리가 있다.
나의 누리 밖에는 내가 닿을 수 없는 누리가 있다.

서로 다른 누리로 누리가 넓어지며 두터워 진다.
다른 누리가 있어 누리는 서로 움직인다.
누리가 달라 있음과 목숨이 갈라지고 퍼지게 된다.
누리가 넓어지면 앎은 깊어지고 앎이 깊어지면
삶이 넓어진다.
누리의 움직임은 온울(우주)의 삶이다.

온울(우주)은 아주 다른 누리로 끝없이(무한) 열려 있다.
다른 누리의 앎으로 이때 여기의 누리를
바르게 이룰 수 있다.
끊임없이 다르게 바뀔 누리를 앎으로 누리의 참을
알 수 있다. 멈춰서 바뀌지 않는 누리는 없다.
온울 속 다른 누리뿐만 아니라 다른 온울의 아주 다른 누리가
있을 수 있음에서 누리의 끝없음(무한)과 때없음(영원)이
가늠된다.

누리의 끝없는(무한) 앞날로 보이는 누리 속에는
보이지 않는 나가 있다.
온나는 온울(우주)의 앞날이며
온누리의 뫼들물(자연)을 이룬 나가 누리의 앞날이다.
나와 누리는 함께 열려 하나로 이루는 하나다.

누리는 나의 때없는(영원) 이룸이다.
나는 누리와 온울(우주)로 열려 온울을 이룬다.
나가 이루는 있음과 목숨도 누리와 온울의 이룸이다.
나 혼자만의 이룸은 아무 것도 없다.
내가 이루고자 하는 것은 모두 누리와 온울의 이룸이다.

때와 울이 나의 누리로
때없음(영원)과 끝없음(무한) 속에서 열린 때와 울이
나의 열림이다.
때와 울은 때없음 끝없음이 연 나며 나의 때 나의 울이다.
때의 나며 울의 나다.
때와 울은 온울의 길이다. 때와 울은 나의 길이다.
나의 참과 목숨을 여는 나의 삶이다.

때와 울이 때없음(영원) 끝없음(무한)으로
때없음 끝없음이 있어 때와 울이 있다.
때와 울은 때없음 끝없음에서 열린 있음이다.
때와 울은 참이 열림이며 누리가 열림이다.
나의 열림이며 목숨의 열림이며 마음의 열림이다.
때와 울로 때없음 끝없음이 있다.

때는 때없음(영원)에 닿아 있다.
때는 때없음으로 참을 알려주며 목숨의 없음으로 한온을
열어준다.
때는 문득 나타나는 참처럼 없음이 있음의 누리로 와 있다.
때없음으로 때가 열리고 때의 열림으로 때없음이 열린다.

울은 끝없음(무한)으로 열려 있다.
울은 끝없음으로 빈울을 보여준다.
울은 있음으로 참온을 알려준다.
울은 아득히 열리는 길처럼
있음이 없음이 되는 끝없음을 열고 있다.
끝없음에서 울이 나타나고 울의 있음에서 끝없음이 나타난다.

때없음(영원)을 앎으로
때없음에 하나된다.

나의 앎에 열리는 때없음은
때로 열리는 목숨의 뿌리로 나의 참이다.
때의 누리는 때없음에 닿은 때없음이다.

때는 때없음(영원)으로 사라진다.
때가 열려 때없음을 알려주고 때의 마지막이 때없음을 만난다.
때는 때없음 속에 있는 때없음이다.
때없음은 때가 사라지고 때없음도 사라진다.
때는 때없음의 그림자며 때없음은 때의 그림자다.

끝없음(무한)을 앎으로 끝없음에 이른다.
끝없음에서 나의 있음이 열리므로 나의 길은 끝없음에 닿아있다.
울의 누리는 끝없음에 열려 있는 끝없음이다.

울은 끝없음(무한)에 하나된다.
울이 열려 끝없음이 열리고,
울로 끝없음을 만나 끝없음으로 하나 된다.
끝없음에서 울이 사라지고, 울에서 끝없음이 사라진다.
울은 끝없음의 있음이며, 끝없음은 울의 있음이다.

누리는 때없이(영원) 끝없이(무한) 나타나고 사라진다.
누리는 참의 열림으로 때와 울이다.
때와 울은 때없음 끝없음이며 때없음 끝없음은 없다.
때와 울이 사라지면 때없음 끝없음은 없어진다.
없음의 있음이며 있음의 없음이다.
누리의 있음은 때없이 끝없이 나타나고 사라짐이다.

빈울은 끝없는(무한) 누리다.
빈울은 누리의 누리며 누리 속의 누리다.
빈울은 온울(우주)의 누리로 열려 온울을 이룬다.
빈울은 온누리의 있음과 목숨의 누리로 끝없이 열려있다.
빈울은 끝없음에서 열려 끝없음으로 사라진다.
빈울은 끝없는 때와 울의 열림이다.

온울(우주)은 때없는(영원) 누리다.
때없음(영원) 끝없음(무한)은 때없이 때울로 열리고
이 때울의 열림은 온울의 열림이다.
온울은 열림과 닫힘이며 나타남과 사라짐이다.
있음과 없음을 여는 있음과 없음이다.

나는 누리로 열리고 누리를 이루는 누리며
누리는 나로 열리고 나를 이루는 나다.
나는 참과 하나로 목숨과 하나로 열리며 사라진다.
나는 참과 목숨의 누리다.

바뀜을 앎으로 바뀜을 넘어선다.
바뀜에서 새로운 길을 열고
끝없는 바뀜의 누리에서 바뀜을 넘어서는 누리가 열린다.
누리의 흐름에서 바뀜의 바탕이 드러난다.
바뀜의 앎으로 누리의 흔들리는 바뀜을 뚫고 나가게 된다.

누리의 나를 알 때 나의 누리가 열린다.
누리의 나가 나를 열어준다.
나의 누리는 누리의 나의 이룸이다.
나의 누리는 누리의 나 속에 있다.
온누리의 나가 나의 자리며 길이다.
누리의 나는 온누리에 열려 있다.
온누리를 이루고 있는 많고 많은 나의 앎으로
나를 열 수 있다.

나는 끝없는(무한) 나의 누리 속에 있다.
어제의 나와 다른 오늘의 나가 있다.
오늘의 나와 다른 내일의 나가 있다.
때없이(영원) 끝없이(무한) 다른 나가 나의 누리에 열려 있다.
처음의 나는 이때 여기의 나로는 가늠조차 안되는 나며
먼 앞날의 나도 이때서는 알 수 조차 없는 나일 것이다.

나는 끝없는(무한) 깨달음의 누리다.
나의 누리는 앎의 누리로 온울을 열고 이루는 앎이다.
나는 앎으로 열리고 앎을 이루는 앎이며
목숨과 있음은 앎으로 열리고 이루어진다.
누리는 나의 끝없는 깨달음으로
누리의 바뀜은 나의 바뀜이며 앎의 바뀜이다.
누리 속에 나의 앎은 끝없이 이어진다.

참은 때없이(영원) 길을 재촉하고
길은 끝없이(무한) 누리로 열린다.

6

때없는 고요와 어둠은
끝없는 빈울의 있음이다

고요와 어둠이 열린 빈울은 때와 울의 열림이다.
온울(우주)의 열림은 하늘의 있음이다.

빈울은 그지없는 어둠이나
그지없는 맑음으로 열려있다.

그지없는 맑음이 그지없이 어둠 속에 있다.
빈울의 열림은 빈도 울도 있음이며
어둠도 맑음도 열림의 있음이다.

빈울이 하늘의 빛으로 열린다.
빛의 열림은 빈의 있음이다.
빈은 어둠이며 빛이다.
어둠은 어둡지 않고 빛은 밝지 않으며
있음의 열림으로 어둠이 어둡고 빛이 밝다.
하늘이 어둠과 빛을 연다.
하늘은 별을 열고, 별은 하늘을 연다.

하늘은 빈이 연 맑음 밝음이다.
빈에서 나온 빛은 온울(우주)이 연 있음의 새김이며
참이 연 누리의 새김이다.
맑음은 온울 목숨의 누리로 하늘의 밝음으로 열려 있다.

하늘은 빛과 어둠이다.
어둠과 빛의 이룸이다.
어둠의 빛으로 하늘이 열린다.
빛으로 하늘이 깨어나고 어둠으로 하늘은 잠이 든다.
빛과 어둠은 하늘의 삶이다.
하늘은 빛과 어둠으로 온울의 삶 속에 열려있다.

빈울은 끝없는(무한) 하늘이니
끊임없이 별을 열고 사라지며 별의 하늘을 연다.
별도 하늘도 빈울이다.
나타나고 사라지며 끝없는 있음과 목숨을 여는 별들과 하늘이
빈울 속에 숨어있다.
끝없는(무한) 하늘은 때없는(영원) 하늘이니
끝없이 열리는 하늘의 빈울은 때없음 속에 있다.

하늘은 빈울의 이룸으로 온울(우주)을 이루고 있다.
빈울에서 태어난 별을 품고 별을 이루며 살고 있다.
있음과 목숨의 삶을 품고 온울의 있음과 목숨을 이루고 있다.

빈울은 열림의 있음이다.
빈울은 열림의 빈이며 있음의 울이다.
빈울은 하늘을 열고 누리로 와 있다.
별과 땅이 되어 별과 땅의 누리를 이루고
있음과 목숨의 삶 속에 있다.
별과 땅의 뫼들물을 살며 마음으로 열려 있다.

빈울은 그지없는 어둠이나 그지없는 맑음으로 열려있다

하늘은 빈울 속에 빈울이며 빈울은 하늘의 하늘이다.
하늘은 누리의 누리다.
누리는 뫼들물 속에 열린 하늘이다.
빈울은 별을 품은 하늘이다.
빈울과 하늘과 누리는 하나의 열림의 온울(우주)이다.
있음과 목숨으로 누리와 하늘과 빈울이 된다.
빈울은 있음과 목숨이 되고 몸과 마음의 삶이 되어
온울의 삶으로 열려 있다.

빈울은 별이 되어 빈울이 된다.

빈울이 별이 되어 별의 빈울로 온울(우주)에 열려 있다.
별의 있음으로 빈울이 된다. 별을 이루고 빈울로 열린다.
빈울이 별로 빈울을 본다.
별의 삶으로 끝없는 마음이 된다.

별의 참이 빈울로 열려 있다. 별은 빈울에 있다.
빈울의 참이 별로 열려 있다. 빈울은 별에 있다.
별에 빈울의 참이 들어 있다.
별과 빈울은 하나의 참의 있음이다.
별의 열림과 있음 그리고 바꿈의 이룸에 빈울이 들어 있다.
별은 빈울의 길을 이루고 있다. 빈울에 별의 참이 열려 있다.
빈울 때문에 있는 별은 빈울에서 태어나고 뭉쳐진 있음이다.
빈울은 별의 길을 열고 있다.

온울(우주)의 있음과 목숨의 끝없음(무한)이 빈울이다.
온울은 온울의 처음과 끝, 있음과 없음을 빈울로 열고 있다.
온울의 끝없는(무한) 있음과 때없는(영원) 목숨을 빈울로
열고 있다.
온울의 있음과 목숨의 끝없음이 빈울에 열려 있다.
보이지 않는 빈울은 보이지 않는 온울의 끝없음이다.

별은 때없는 온울(우주)의 삶이다.
온울은 별을 이루고 살고 있다.
별은 온울의 나며 온울의 있음과 목숨이다.
별은 온울의 나로 열려 온울의 삶을 살고 있다.
끝없이 태어나고 사라지는 별들의 삶으로 온울은 살고 있다.

하늘은 별의 울이고 땅의 울이다.
빈울이 별을 열고 하늘이 되어 별의 삶이 된 온울이다.
땅의 있음과 목숨이 온울(우주)을 이루고 있는 땅의 누리다.
별의 하늘에는 별의 삶이 서려있고
땅의 하늘에는 땅의 삶이 서려있다.
별에는 별의 하늘이 스며있고, 땅에는 땅의 하늘이 스며있다.

하늘의 있음을 앎으로 하늘의 없음을 안다.
하늘의 있음에서 온누리의 있음을 알고
온누리의 목숨에서 하늘의 마음을 본다.
하늘의 열림에서 하늘의 닫힘을 깨닫는다.
있음의 열림은 없음의 열림이며
목숨의 태어남은 사라짐의 열림이다.
하늘의 없음을 앎으로 하늘의 있음을 안다.

하늘은 있음과 없음이다.
하늘은 온울(우주)의 있음으로 열려있다.
별이 태어남에 하늘이 열린다.
별이 사라지면 하늘도 사라진다.
있음의 하늘은 별과 함께 사라진다.
하늘의 없음은 있음과 목숨의 없음이다.

빛과 어둠은 온울의 삶이다.

삶의 길은 빛과 어둠으로,
어둠은 빛으로 살다가 어둠으로 돌아간다.
빛은 목숨으로 삶의 참을 이룬다.
어둠은 목숨의 빛을 여는 빛의 어둠이다.
온울 열림으로 빛과 어둠이 있다.
빛과 어둠이 온 누리를 이루고 있다.

빛은 어둠의 참으로 열린다. 빛으로 어둠의 참이 드러난다.
어둠의 참은 빛으로 열린다. 어둠으로 빛의 참이 새겨진다.
빛은 어둠에서 열린 어둠으로 빛은 어둠의 참이며 길이다.
빛은 어둠의 끝없음(무한) 속에 있으며
어둠의 끝없음에서 빛이 열린다.
빛이 열리는 어둠은 어둠이 아니며
빛이 아직 열리지 않은 맑음이다.

어둠은 빛의 참으로 열린다.
어둠과 빛에 온울의 길이 열린다.
빛으로 어둠이 있다. 있음으로 없음이 열린다.
빛으로 드러난 어둠은 빛을 여는 빛이다.
빛이 나타났다 사라지는 어둠은 빛의 참이며 길이다.
어둠은 빛을 여는 참이며 빛이 없으면 어둠이 아닌 빈이다.
때없는(영원) 어둠은 때없는 빈이며
끝없는(무한) 어둠은 끝없는 울이다.

하늘의 참은 때없고(영원) 하늘의 앎은 끝없다(무한).
하늘의 참이 때없음에 하늘의 깨달음도 끝이 없다.
때없는 참은 뜻이 끝없음이며 앎의 열림도 깨달음도
끝없음이다.
하늘의 참의 때없음은 빈울에 열려 있다.
빈울 속에 하늘의 때없음이 들어 있다.
하늘의 앎에 끝없음은 별에 들어 있다.
별의 있음과 목숨의 마음 속에 들어 있다.

온울(우주)은 쉼없이 하늘로 이루어진다.
별과 땅의 이룸이 하늘의 이룸이며 뫼들물(자연)과 사람의
이룸이 하늘의 이룸이자 온울의 이룸이다.
쉼없이 별이 열리고 하늘이 열려 온울을 이어간다.
온울참의 이룸이 하늘로 열려 있다.

하늘은 온울(우주)의 삶숨으로서 온울의 숨결이 되어
하늘에 열려 있다.
별의 하늘로 별의 숨을 쉬고 땅의 하늘로 땅의 숨을 쉰다.
온누리 뫼들물(자연)에 열려 있는 하늘로 숨을 쉰다.

별은 하늘로 열려 있고 하늘은 별로 열려 있다.
하나가 둘이 되어 하나로 열려 있다.
별은 하늘로 온울(우주)을 만나고 하늘은 별로 온울을 만난다.
별은 하늘로 마음을 나누고 하늘은 별로 마음을 나눈다.
빈울이 하늘이 되어 온누리를 이루고
하늘은 온누리의 삶으로 온울을 이룬다.

별무리에 온울(우주)의 얼굴이 새겨져
별의 모습마다 온울의 얼굴이 들어 있다.
빈울로 열리는 별이 끝없듯이(무한) 온울의 마음도 끝이 없다.
별의 모습은 빈울이 새겨 넣은 온울의 얼굴이다.

온울(우주)의 마음이 별에 있다.
빈울 속에 나타난 별은 온울의 마음이다.
온울의 나인 별로 온누리 뫼들물(자연)의 나가 열린다.
나를 연 별의 하늘은 나의 마음의 빈으로 열려
온울과 하나가 된다.

빈울은 별의 있음이며 목숨이다. 별의 있음은 보이지 않는
빈울이 열고 있다. 보이는 별은 보이지 않는 빈울이다.
보이는 있음은 보이지 않는 있음을 가리킨다.
나타나고 사라지는 별들을 빈울이 목숨으로 움직이고 있다.

빈울은 온나의 하늘로 마음의 빈은 온나의 빈이다.
온나로 보이는 빈울은 나의 마음 속의 빈이다.
온울(우주)의 온나는 빈울의 빈이므로
빈울 속에 있음과 목숨이 모두 빈의 마음으로 보인다.
빈울이 하나의 빈인 하늘로 열려 있다.

열리지 않는 어둠은
열리지 않는 마음이다.

어둠에서 나의 마음은 잠들어 있다.
목숨의 삶이 마음으로 잠들어 있다.
빛이 없는 어두운 빈울은 깨어나지 않은 나다.
보이지 않는 어둠이 참의 맑음을 가리고 있다.

보이지 않는 있음은 보이지 않는 목숨이다.
목숨은 보이지 않는 있음이다.
참은 보이지 않는 목숨이다.
보이지 않는 있음은 알 수 없는 참이다.
참은 보이지 않고 알 수 없는 있음으로 열려 있다.
보이지 않는 목숨이 있음의 목숨을 이루고 있다.

빈울의 마음이 땅에서 열린다.
땅의 마음은 땅이 열린 빈울의 마음이다. 있음은 마음이다.
빈울은 땅이 되어 땅의 마음으로 살고 있다.
땅위의 있음과 목숨의 마음 누리는 빈울 속에 있는
온나의 누리다.

땅은 끝없는(무한) 하늘의 삶으로
온울(우주)의 온나가 온누리를 이뤄 뫼들물(자연)이 되었다.
나는 뫼들물의 삶으로 살고 있다. 땅의 뫼들물로 살고 있다.
땅의 끝없는 목숨이 뫼들물의 온나를 이루고 있다.
땅은 온나의 있음을 새겨주고
나의 마음은 땅의 마음 속에 열려 있다.

푸른 땅은 푸르른 마음이다.
빈울 속에 떠있는 파란땅은 어둠을 밝혀주는 해로
열린 하늘에 마음이다.
파란하늘과 뫼들물(자연)의 푸르른 바다는
푸르른 삶의 마음이다.
해가 비춰주는 땅의 마음이다.

하늘은 땅의 마음이며 땅은 하늘의 마음이다.
하늘의 마음이 땅위에 이르고 땅의 마음은 하늘에 열린다.
하늘의 비움으로 땅이 이루어지고
땅의 비움으로 하늘이 이루어진다.
하늘은 땅을 품고 땅은 하늘을 담고 있다.
하늘은 비움의 마음이며 땅은 빌음의 마음이다.

땅의 믿음이 하늘에 열려 있다.
빈울로 열린 빈 하늘은 있음과 목숨의 마음 속에 비움으로
열려 있다.
마음의 비움으로 빌음을 하늘이 열어준다.
하늘의 비움이 땅의 마음에 열려 있다.
목숨의 마음에 빌음을 이루고 있다.
목숨을 품은 땅에의 빌음이다.

땅은 하늘의 사랑이다.
온울(우주)이 연 하늘의 사랑으로 땅의 목숨이 있다.
땅에서 태어나는 끝없는 목숨은 하늘 사랑의 이룸이다.
온울의 목숨이 온울의 사랑이며
하늘의 사랑이 땅의 목숨이다.
하늘과 땅은 사랑으로 열려 있다.

하늘의 마음은 땅의 나로 태어난다.

땅이 빈울에서 태어났듯이 땅의 나는 하늘의 마음으로 열린다.
빈울인 하늘의 빈으로 나의 마음이 채워진다.
땅이 빈울의 이룸이듯이 나도 하늘의 이룸이다.

땅은 나의 있음이며, 하늘은 나의 이룸이다.
나의 있음을 땅이 지켜주고, 나의 이룸을 하늘이 가르쳐준다.
땅은 나의 있음을 이루고, 마음의 이룸은 하늘에 열려있다.
나의 있음은 목숨의 삶이며, 목숨의 이룸은 참의 삶이다.

온울(우주)은 하늘을 열어 땅의 나를 연다.
하늘의 앎은 온울로 열려 있다.
빈울의 하늘에서 온울의 앎이 열리며,
하늘은 땅의 앎을 이뤄 온울을 열어준다.
나는 땅의 삶으로 삶을 이루는 앎을 이룬다.
앎의 삶을 살고 있다.

하늘로 열린 나는 나의 하늘을 산다.
나의 마음은 하늘로 열려 하늘의 삶을 산다.
나는 하늘 속에 있는 마음의 빈울을 열고 있다.
하늘과 땅의 나에게 빈울의 마음을 열고
하늘과 땅의 삶을 살고 있다.

하늘은 나를 비추는 거울로,
나는 마음을 비추는 빈마음의 거울 속에 있다.
마음의 빈은 하늘로 열린 하늘의 빈과 같다.
빈의 마음 거울 속에 비치는 나 스스로는
하늘의 거울 속에도 똑같이 비치고 있다.

빈울은 있음과 목숨의 마음 거울이다.
하늘의 비움을 마음의 빈으로 연 빈울은
온누리의 마음의 거울로 뫼들물의 삶을 비쳐준다.
있음과 목숨은 빈울의 거울로 스스로의 참을 알게 된다.
스스로의 모습이 비쳐지는 스스로의 마음을 보게 된다.

하늘은 뜻을 열고 땅은 글을 연다.

빈울은 참을 열어주고 있음은 길을 보여준다.
하늘의 비움은 뜻이 되고 땅에 있음은 글이 된다.
하늘 같은 뜻이 없다.
땅 같은 글이 없다.
하늘의 뜻은 빈울로 열려 있고 땅의 글은 별에 닿아 있다.

하늘에서 열린 참은 땅이 보여주니
땅 위의 물 속에 하늘이 비치듯이
목숨의 마음에는 하늘이 새겨진다.
하늘과 비움은 빈의 뜻으로 땅 위에 담긴다.
하늘의 온울이 열리듯이 땅에 바다로 빈울이 열린다.
하늘에 맞닿은 바다에 목숨이 태여 난다.
빈울의 물이 채워진다.
하늘과 땅의 마음이 열린다.

하늘은 참을 보여주며 땅은 길을 알려 준다.
참은 하늘과 같고 길은 땅과 같다.
참으로 하늘이 열리면 땅은 길로 이루어진다.
하늘참은 땅으로 이룩된다. 땅의 길은 하늘로 이룩된다.

하늘은 땅의 온누리를 채우고, 땅은 하늘의 결을 이룬다.
하늘이 없는 땅이 없고, 땅이 없는 하늘이 없다.
땅의 마음은 하늘에 열리고 하늘의 마음은 땅에 이루어진다.
하늘과 땅은 하나로 열려 하나를 이루고 함께 사라진다.

하늘은 모든 삶을 산다.
온누리의 모든 삶속에 마음 속에 하나로 열려 있다.
별과 땅의 있음속에 열려있고 목숨을 이루고 있다.
빈울로 열린 있음과 목숨에 온울(우주)은
하늘로 열려 온누리의 온나로 살고 있다.

별은 빈울의 목숨을 보여준다.
빈울의 목숨이 별빛으로 반짝인다.
목숨의 있음이 별의 무리를 이루고 있다.
빈울의 목숨이 별로 나타나 별의 삶이 빈울에 열려 있다.
빈울과 별은 하나의 있음이며 하나의 목숨의 삶이다.
빈울과 별은 하나로 온울(우주)의 삶을 살고 있다.
빈울은 별의 모습을 이루고 있다.

빈울은 별의 마음을 보여준다.
빈울과 별은 하나의 있음으로 하나의 마음으로 열려 있다.
빈울 속에 반짝이는 별이 마음으로 열려
별의 마음을 빈울의 마음으로 보여준다.
빈울이 온나의 마음을 온누리에 열고 있다.
빈울 속에서 반짝이는 별빛으로 마음을 열어준다.

마음은 목숨의 스스로움(자유)이다.

목숨은 참의 스스로움으로 참은 마음의 스스로움이다.
참은 목숨과 마음과 하나로 열린 스스로움이다.
스스로움의 참은 나의 목숨을 이루고 있다.
나의 목숨과 마음이 하늘과 땅으로 열려
하늘과 땅의 스스로움이다.

빈울은 별의 스스로움(자유)이다.
별에게 열린 끝없는 스스로움이다.
별은 빈울의 스스로움이다.
빈울에서 태어나는 있음의 스스로움이다.
별의 스스로움은 빈울에 열려 있고
빈울의 스스로움은 별이 열고 있다.
빈울은 별의 스스로움을 열어 주고
별은 빈울의 스스로움을 보여준다.
빈울과 별은 온울의 스스로움을 이루고 있다.
온울(우주)의 스스로움을 보여준다.

빈울로 열린 별의 스스로움(자유)이 하늘이니
별의 스스로움이 하늘에 열려 빈울에 닿아 있다.
하늘은 빈울의 스스로움을 온누리에 알려 주고
빈울 속에 별의 스스로움을 보여 준다.
별과 땅이 타고난 온울(우주)의 스스로움을 열어 준다.

참은 스스로움(자유)의 바탕이며 스스로움은 참의 바탕이다.
참과 스스로움은 하나로
참은 스스로움 속에서 끝없이(무한) 열린다.
스스로움은 참의 뿌리다. 참은 스스로움의 목숨이다.
스스로움은 참으로만 이루어지며 참이 없는 스스로움은 없다.
스스로움은 참으로 끝없이 열린다.

하늘은 스스로움(자유)을 새겨준다.
하늘 열림은 스스로움으로
하늘의 뿌리는 빈울의 스스로움이다.
열림은 하늘의 스스로움이며 빈울의 스스로움이다.
하늘의 있음은 온울의 스스로움을 새겨준다.
온울(우주)의 스스로움이 열린 하늘을 보여준다.
스스로움의 바탕과 뿌리를 하늘이 보여준다.

있음과 목숨은 하늘의 스스로움을 이룬다.
빈울은 온울(우주)의 스스로움(자유)으로 열려 있고
하늘은 온누리의 스스로움으로 열려 있다.
하늘의 빈은 빈울의 열림이며 이룸이다.
누리의 있음과 목숨은 하늘의 스스로움을 살고 있다.
스스로움으로 삶이 열려 있다.

하늘의 스스로움(자유)이 뫼들물(자연)을 연다.
삶의 스스로움이 뫼들물을 이루고 있다.
뫼들물은 하늘과 땅으로 열린 스스로움의 모습이다.
뫼들물이 하늘 속에 있다. 하늘의 모습을 이루고 있다.
하늘이 뫼들물 속에 있다. 뫼들물의 마음으로 열려 있다.

뫼들물(자연)은
하늘과 땅의 삶이다.

하늘의 몸은 땅이며 땅의 마음은 하늘이다.
뫼들물은 하늘과 땅의 몸과 마음이다.
하늘의 열림이 땅의 목숨을 이루며
땅의 목숨으로 하늘의 열림이 이룩된다.
하늘과 땅은 뫼들물의 삶 속에서 온나로 열려 있다.

흙은 온울(우주)의 목숨이니 온울이 흙으로 목숨을 심는다.
온울의 목숨이 별이 되고 땅이 되어 흙이 된다.
흙이 온울의 삶으로 열려 있다.
온누리 뫼들물(자연)의 목숨이 흙으로 열리고
흙의 마음이 온나를 연다.
빈울 속에 열려 있는 끝없는(무한) 목숨이 흙을 이루고
온울의 삶으로 열려 있다.

온울(우주)의 참이 흙에 담겨 있다.
흙은 온울이 이룬 참으로
온울의 있음과 목숨 그리고 그 마음이 흙 속에 숨어 있다.
한 줌의 흙이 온울의 참을 열고 길을 이루고 있다.
온울의 삶이 흙 속에 열려 있으며
온울의 길이 한 줌의 흙에 담겨 있다.

빈울이 별이 되어 흙이 되니
보이지 않는 있음은 보이지 않는 목숨이다.
별은 빈울의 있음이 되고 흙은 빈울의 목숨을 이룬다.
흙의 목숨은 마음의 삶이 된다.
있음과 목숨의 이룸에는 마음이 있고 마음의 열림에는
나가 있다.
나의 있음이며 나의 목숨이다.

불이 물이 되어 뫼들물(자연)의 목숨을 연다.
빈울의 먼지는 별이 되고 별의 불이 물이 된다.
불도 물도 빈울에서 나타난다.
빈울이 불과 물을 거쳐 뫼들물의 있음과 목숨으로 태어난다.
빈울은 뫼들물의 있음과 목숨으로 온나의 마음을
이루고 있다.

참으로 열린 물이 길을 이룬다.
참의 열림이 물의 열림과 같고 참의 이룸이 물의 이룸과
같다.
물은 길이니 온울의 길이 물 속에 있다.
온울(우주)의 참으로 열린 물이 온울의 길을 흐르고 있다.

하늘과 땅의 샘물이 바다로 흘러간다.
하늘과 땅의 물이 흙을 적시고
온누리 뫼들물(자연)의 목숨을 열고 삶이 된다.
물은 바다를 이루고 하늘을 돈다.
바다에 비친 하늘에 물은 구름으로 떠다닌다.

바다는 하늘을 가득 담았다.
바다 속에 하늘과 땅이 하나로 담겨 있다.
하늘은 땅에 맞닿아 땅이 품은 바다에 안겨 있다.
하늘을 담은 바다에는
끝없는 목숨들이 하늘과 땅의 삶을 살고 있다.

흙 속에 마음이 있다.
흙 속에 들어 있는 목숨은 끝없는 마음이다.
별의 마음 땅의 마음이 흙의 목숨속에 마음으로 열려 있다.
흙 속에 숨어 있는 마음은 땅의 마음으로
땅이 된 빈울의 마음이다.
빈울 속에 녹아있는 온울(우주)의 온나다.

물 속에 끝없는(무한) 삶이 열려 있다.
하늘과 땅으로 물이 됨은 빛과 어둠의 어우러짐이다.
보이는 있음과 빈의 이룸이다.
흙과 물은 땅의 살과 피로, 땅이 담은 물은 목숨의 결이다.
흙에 담겨 있는 물로 삶이 끊임없이 이어진다.

빈은 삶의 품으로 삶은 빈의 품 속에서 이루어진다.
별의 삶은 온울(우주)의 빈울 속에서 이루어지고
땅 위에 뫼들물(자연)의 삶도 하늘의 빈으로 열려 있다.
빈울의 빈은 있음과 목숨을 열고 온울의 삶을 이루고 있다.

온누리에 하늘이 들어 있다.
모든 있음과 목숨의 하늘로 열려 몸과 마음을 이루고 있다.
있음과 목숨마다 저마다의 하늘이 열려 있다.
저마다의 하늘의 다름은 있음과 목숨의 다름을 이루고
마음과 앎의 다름으로 열려 있다.

풀섶 하늘이 높다.
풀이 우거진 사이로 하늘은 더욱 멀다.
풀 빛깔 사이 하늘은 파랗다.
바람이 불 때마다 흔들리는 풀대들 속에 숨어든 하늘이
이리저리 움직인다.
풀섶에 하늘은 작은 벌레들의 누리다.
작은 목숨들에게 구름이 떠다니는 높은 하늘은
너무 멀어 아득히 보이지 않는다.

물속의 하늘은 깊다.
흰 뫼가 비치는 물 속에 하늘이 내려와 쉰다.
물에는 하늘과 땅이 들어 있다.
하늘과 땅은 물에서 하나가 되었다.
깊은 물 속에 하늘은 검푸르고
흰구름 뭉치들이 여러 가지 모습으로 떠있다.
물 속에 비친 하늘이 물빛과 만나 더욱 그윽하다.

낮에 햇빛이 반짝이더니
어둠이 내린 밤의 늪 속에 달이 떠오르면
밤의 어둠에서는 달빛이 은은하다.
하늘과 땅의 어둠으로 짙푸른 물 속에 달은 마음으로 맑다.
고즈넉한 달밤의 하늘은 달빛의 마음이 가득하다.

키 큰 나뭇가지들이 하늘을 덮어 숲 속의 그늘은 깊다.
어두운 그늘에서 숲의 하늘이 잠들어 있다.
이슬을 뿌린 서늘한 안개의 구름 사이에 작은 하늘로
열려 있다.
숲이 안개로 구름을 만들어 높은 하늘로 날려 보낸다.

숲은 삶의 꿈이 가득하다.
키가 큰 나무들은 하늘을 쳐다보고 구름을 헤아린다.
넝쿨들은 살금살금 나무를 휘감으며 하늘을 쳐다본다.
땅위에 깔린 풀들은 잠깐이라도 맑은 하늘을 보고 싶다.
작은 꽃들은 제발 좀 햇빛이 비쳐들기를 기다린다.

하늘과 땅이 마음의 꽃으로 피어 있다.
온누리 뫼들물의 마음들로 꽃이 피어 있다.
꽃의 마음을 열고 아름다운 삶이 된다.
하늘과 땅의 뫼들물은 하늘과 땅이며
아름답게 피고지는 꽃마음은
뫼들물로 살고 있는 땅과 하늘의 마음이다.

뫼들물(자연)은
나의 온울(우주)이다.

온울의 하늘과 땅이 온나를 이루고
뫼들물의 온누리로 나에게 열려 있다.
뫼들물의 나가 온울의 나다.
나를 이루는 뫼들물은 온울의 삶이며 나의 삶이다.
뫼들물 속에 나는 온울의 나다.

하늘 밖에 하늘이 있다.
빈울 속에 끝없는 별이 있기에 끝없이(무한) 다른 하늘이
있다.
땅과 별들에 열리는 하늘 밖에 끝없는 하늘이 있다.
하늘 끝에도 또 다른 하늘이 있어
끝없이 열리는 하늘은 끝없이 열리는 온울(우주)에 있다.
하늘은 온울을 이루는 별들의 삶을 이루고 있다.

보이는 하늘은 보이지 않는 하늘이다.
볼 수 있는 하늘 뒤에는 볼 수 없는 하늘이 있다.
바뀌는 하늘 속에는 바뀌지 않는 하늘이 들어 있다.
열리는 하늘 밖에는 열리지 않는 하늘이 있다.

나의 누리 밖에 내가 모르는 누리가 있고
나의 하늘 밖에 내가 볼 수 없는 하늘이 있다.
하늘은 있음의 결에 따라 바뀌고
목숨의 갈피마다 다른 누리로 열려 있다.
나의 마음과 앎에 따라
나에게 열린 하늘의 앎이 다르고 누리가 다르다.

내가 알고 있는 하늘은 알 수 없는 하늘이다.
알 수 있는 하늘 밖에 알 수 없는 하늘이 있다.
내가 아는 하늘은 끝이 있으나 내가 모르는 하늘은
끝이 없다.
나타난 하늘 뒤에는 나타나지 않는 끝없는 하늘이 있다.

하늘이 온누리가 되어 나를 보고 있다.
하늘의 나로 하늘을 보고 있다.
별과 땅의 뫼들물(자연)로 온누리에 와 있다.
온누리의 뫼들물은 온울(우주)을 살고 있다.
나는 온울의 나로 하늘의 삶을 살며
나의 누리로 삶을 알게 된다.
온나의 있음과 목숨으로 하늘과 나를 깨닫고 있다.

하늘을 모르면 하늘이 없으니 앎은 있으나 앎이 없다.
누리는 있으나 누리가 없다.
하늘이 열려야 내가 있다.
하늘 속에 나가 있고 나 속에 하늘이 있다.
하늘을 알 때 하늘이 보이고 하늘을 앎으로 땅이 보인다.
나는 하늘을 깨달을 때 비로소 온울(우주)인 나를 만난다.

온누리는 나의 하늘이다.
온누리 속에 하늘이 열려 있다.
온누리의 나 속에 하늘이 열려 하늘 속에 나가 있다.
온누리 속의 하늘이 나를 이루고 있다.
하늘과 하나인 온누리는 나의 누리로 열린 나의 하늘이다.

하늘 열림은 나의 처음으로 온나의 처음도 하늘이다.
온나와 나는 모두 빈울의 하늘로 열리며
저마다의 열림이 하늘이다.
하늘의 열림이 마음의 열림이며 삶의 열림으로
별의 열림에도 하늘이 있고 작은 먼지의 열림에도
하늘이 있다.
보잘 것 없이 작은 목숨의 열림에도 하늘이 있다.
나의 열림이 하늘이다.

하늘은 열림으로 닫히고 닫힘으로 열린다.
나의 하늘이 열리면 나 밖의 하늘은 닫힌다.
나의 하늘이 닫혀 나 밖의 하늘이 열린다.
나 밖의 하늘은 알 수 없는 하늘이다.

나로 열린 하늘은 나로 보인다.
나에게 열린 하늘은 나의 누리의 하늘이다.
나의 누리에 열려 있는 하늘이 나의 하늘이다.
나는 나의 누리와 나의 하늘과 하나다.
나로 보이는 하늘은 나의 누리의 하늘이며
나를 이루는 누리의 하늘이 열려있다.

있음 목숨에 열린 하늘은 있음 목숨의 하늘로
있음과 목숨으로 열린 누리다.
있음의 하늘이며 목숨의 하늘이다.
온울(우주)이 열린 빈울의 하늘은 나의 있음과 목숨을
이루고 있다.
하늘 속의 나는 하늘과 하나의 누리다.
빈울의 하늘은 온울의 있음과 목숨의 누리다.

하늘과 땅이 나가 되어
나는 하늘과 땅이 된다.

나는 하늘과 땅의 이룸이다.
하늘과 땅이 나를 이뤄 나는 하늘과 땅을 살고 있다.
온울(우주)은 나로 열려 나는 온울에서 열린다.
나는 온울로 열린 온울이다.
하늘과 땅의 길은 나에 있고 나의 길은 하늘과 땅에 있다.
하늘과 땅이 나에 이르고 있다.
하나의 삶으로 하나의 길을 가고 있다.
온울은 나로 끊임없이 열린다.
나의 열림은 온울의 열림이다.

하늘의 이룸은 나에 있다.
하늘은 별과 땅의 나를 열어 온누리의 나를 이룬다.
나는 하늘의 이룸으로 있으며
하늘 이룸인 나는 하늘에 열려 있다.
나는 하늘의 참으로 열려 하늘의 삶 속에서 살고 있다.
나의 이룸은 하늘의 이룸이다. 하늘 누리의 이룸이다.

하늘의 나는 온울(우주)과 땅이 하나가 되는 나다.
별의 하늘은 온울과 별이 하나가 되는 나로 열린다.
땅위의 있음과 목숨은 온울과 땅이 하나가 되는 하늘의 나로
열려 있다.
하늘의 나는 온울의 온나며 땅 위 온누리의 나와 하나로
열려 있다.
하늘은 온울과 땅이 하나인 누리다.

하늘이 없는 마음은 없다.
마음은 하늘로 열리고 하늘로 채워진다.
땅이 물을 담아 바다가 되듯이 나는 하늘을 담아
마음이 된다.
마음의 열림은 마음 속 하늘이 열림이다.
마음에 열린 빈은 마음을 연 빈이며 하늘의 빈과 하나다.
하늘이 없는 마음은 빈이 없는 마음이다.

하늘은 온울(우주)로 열린 마음이다.
별과 땅의 마음이 하늘에서 온울로 열려 있다.
온울의 끝없는 빈울이 하늘로 열리며
별과 땅의 온누리 마음을 이룬다.
하늘의 마음으로 온울의 마음이 열린다.
온울의 있음과 목숨이 마음이다.

나의 온울(우주)은 온울의 나다.
온울을 여는 나는 온울이 여는 나다.
온울이 열리는 나가 온울이 여는 나를 이루고 있다.
온울의 나는 나의 온울이다.
온울을 사는 나는 온울이 사는 나다.

하늘은 나의 온울(우주)을 열어 준다.
나의 마음을 이루는 하늘로 온울이 열린다.
하늘의 나로 온울의 나가 열리고 나의 하늘로 나의 온울이
열린다.
나의 마음과 앎으로 온울이 열린다.
나의 누리와 하늘과 온울이 하나로 열려 있다.
하늘과 온울이 다른 것이 아니며 나의 누리와 앎이
다를 뿐이다.

하늘의 맑음이 온울(우주)의 밝음이니
나와 하늘이 맑을수록 온울이 밝게 보인다.
하늘은 그지없는 맑음이다.
나의 하늘은 그지없음에 이르지 못한다.
온울은 끝없이 맑음의 밝음을 연 누리지만
나의 누리는 어둠에 가려진 먼지 속에 있다.

하늘의 있음을 온울(우주)이 알려준다.
빈울 속에서 반짝이는 끝없는 별들로 하늘의 있음을
가르쳐주고 빛나는 별빛 속에 하늘의 목숨을 보여준다.
하늘은 별의 목숨으로 열려 있다.
온울의 목숨을 하늘이 보여준다.
해달별의 있음으로 알려준다.
나를 이룬 하늘이 나의 목숨으로 온울 목숨의 있음을
새겨준다.
온울의 마음을 하늘이 열어준다. 말없이 별빛으로 보여준다.
나의 마음의 있음이 온울 마음이 열린 것임을
끝없는 빈울로 알려준다.

앎으로 하늘이 열리며 모름으로 하늘이 닫힌다.
참으로 열린 하늘은 참으로만 알 수 있다.
하늘을 모름은 참을 모름이며
하늘을 모름으로 참으로부터 멀어진다.
하늘은 앎으로 열리고 비움으로 가까워지며 빌음속에
깨닫게 된다.

비운 마음으로 하늘이 들어오니 마음 속의 빈울이 하늘이다.
빈마음은 하늘에 하나된다.
마음은 비울수록 하늘로 넓어지고 땅에 깊어진다.

마음을 채운 하늘이 마음이고 하늘로 열린 마음은 하늘이다.
마음속의 하늘에서 마음은 떠나지 못한다.
마음을 채우고 하늘이 살고 있다.
하늘의 마음으로 하늘을 살고 있다.
마음에 가득한 하늘이 나의 삶이며
하늘에 가득한 나는 온울의 삶이다.
하늘로 열린 나에서 나는 떠나지 못한다.

나의 하늘로 열려 나의 하늘을 산다.
나는 하늘과 땅으로 이루어져 하늘과 땅의 삶 속에 있다.
나는 하늘의 누리로 하나가 되어 살고 있다.
나는 하늘과 땅의 누리로 열린 하늘과 땅이다.
있음은 있음의 하늘로, 목숨은 목숨의 하늘로,
나의 하늘이 열려 있다.
있음의 무리들과 목숨의 무리들에 나의 하늘이 있다.

한울은 하나로 열려
하늘은 빈울의 있음이며 땅은 빈울의 목숨이다.
있음과 목숨은 하나로 빈울 속에 한울이다.
빈울의 있음을 하늘로 만나며 빈울의 목숨을 땅으로 만난다.
땅의 목숨은 빈울에서 열리기에 빈울이 살아 숨쉬고 있다.
빈울이 별과 땅이 되어 별과 땅의 하늘로 열려 있다.
하늘과 땅이 한울을 이루고 있다.

하늘의 한울은 나의 울로

나의 누리는 한울 속에 있다.
한울은 나로 열린 하나의 울이다.
하늘은 한울이다. 온울의 빈울로 한울이다.
한울은 한마음을 열어주고 한나를 열어준다.
한울은 빈울로 열려 온울 온나를 이루고 있다.
저마다의 누리가
하나로 있음과 목숨들에 닿아 한울 속에 열려 있다.

나의 울은 나의 참이다.
나의 열림도 나의 있음과 목숨도 그리고 나의 삶도
모두 참이 이룬 참이다.
참은 나를 이루고 나를 지켜주는 나다.
그리고 내가 지켜야 내가 있게 되는 나다.
참은 나의 처음이며 나의 마지막이다.
나는 참의 처음이며 참의 마지막이다.
나의 참은 나의 울이다.

한울은 사랑의 울이며 한울은 하나의 사랑이다.
하나의 사랑으로 열린 하나의 있음과 목숨이다.
뫼들물(자연)도 온누리도 한울이다.
별과 땅과 하늘도 한울이다. 한울은 하나의 삶이다.
한울로 열린 사랑의 삶이다. 사랑으로 한울을 이루고 있다.

하늘의 이룸은 사랑이다.
하늘은 사랑으로 열려 있다.
온울(우주)의 사랑으로 열려 있다.
빈울이 별이되어 별을 품고 있는 하늘에는
온울의 사랑이 열려 있다.
사랑으로 하늘이 열려 사랑을 이루고 있다.
하늘의 사랑이 별과 땅과 하나로 어우러져 온누리를
이루고 있다.

사랑은 하늘의 참으로
참과 하나로 열리는 사랑은 온울(우주) 열림의 뿌리다.
때없음(영원)과 끝없음(무한)에서 열리는 때와 울은
사랑이 바탕으로 빈울이 별을 열고 품는 하늘의 마음이다.
하늘의 참은 사랑과 하나로 열린다.

참으로 열린 하늘은 착함으로 이룩된다.
참은 하늘을 열고 착함은 하늘을 이룬다.
하늘이 참을 이루려 함은 착함이다.
하늘은 끝없이 어질은 착함으로 열려 있다.
참으로 열리는 하늘은 사랑의 열림으로
사랑을 이루는 하늘의 이룸에는 그지없는 착함이 드러난다.

아름다움은 하늘의 사랑이니 끝없이 착함으로 열려 있는
하늘의 사랑이 아름다움이다. 하늘의 이룸으로 열리는 사랑은
그지없이 그윽한 아름다움으로 나타난다.
아름다움은 착함으로 자란 나무에서 꽃이 핀다.

아름다움이 하늘과 땅의 마음에 있다.
참의 이룸은 착함이 되고 착함의 이룸은 아름다움이 된다.
하늘과 땅이 이루는 온울의 참은 착함이 되어 아름답다.
하늘과 땅의 온누리와 뫼들물의 아름다움은
하늘과 땅의 아름다운 마음의 모습이다.

빈울의 참이 하늘에 쓰여 있어 하늘은 빈울의 맑은 빈을
보여준다. 끝없는(무한) 비움 속에 있음을 가리키며
마음의 빈으로 열린 비움에 빌음을 열어준다.
빈울이 하늘로 가까이 다가와 열려 있다.

하늘에 참온이 열려 있다. 끝없음(무한)으로 끝없음이
사라지는 참온을 하늘의 빈울이 열어준다.
빈울의 끝없음마저 사라지고 빈울마저 사라지는 참온을
보여준다.
하늘이 열어주는 빈울로 온울 뒤에 열려 있는 보이지 않는
참온에 하나된다.

하늘은 한온에 이른다.
있음이 없어 없음이 없는 한온을 열어준다.
때없음(영원)이 때없음으로 사라져 때의 그림자 마저 사라진다.
하늘의 빈은 빈울의 끝없음으로 때없음에 이르른다.
끝없음(무한)이 사라져 때없음이 없어진다.

나의 하늘을 만나면
나의 온울(우주)을 만난다.

나의 하늘을 깨우치면 하늘의 나가 다가오고
나의 온울을 열면 온울의 나가 나타난다.
하늘의 나는 온울의 나로 열려 빈울에 새겨진
나의 온누리를 보여준다.

하늘의 나타남과 사라짐에 나가 있다.
하늘은 별과 땅이 열리는 빈울의 나로
온울(우주)의 나를 이루는 나다.
온누리의 있음과 목숨의 마음 속에
빈으로 열려 있는 나가 되어 온나의 마음을 열어준다.
하늘의 빈은 나의 마음을 이루는 나며
나의 끝없는 나타남과 사라짐이다.

끝없음(무한)으로 열린 하늘은 때없음(영원)에서 닫힌다.
온울(우주)의 열림은 끝없음이다.
끝없음에서 열려 끝없음이 열린다.
온울의 닫힘은 때없음이다. 때의 닫힘은 울의 없음이다.
울은 끝없음 속에서 사라지고 때는 때없음에서 없어진다.
때울이 하나로 사라진다.
하늘의 열림은 끝없음이며 하늘의 닫힘은 때없음이다.

하늘의 참은 온울(우주)에 하나되며
하늘의 길은 땅으로 이룩된다.

하늘의 이룸이 나에 있으니 하늘이 나를 열고 이룸으로
온울(우주)의 하늘에서 이룸이 열려 있음이다.
삶이 하늘의 삶이며 마음으로 하늘이 열려 있다.

나의 이룸은 하늘에 있어 이룸은 모두 하늘이 품고 있음으로
있음도 목숨도 하늘의 삶 속에 있다.
이룸은 하늘의 이룸이다.

온울은 하늘이 되어 나를 이루고 있음에 온울을
살고 있음이며 온울(우주)이 연 하늘의 나로 살고 있다.
온울 속에 있는 모든 것은 온울로
온누리의 뫼들물(자연)의 삶은 온울(우주)의 삶이다.
온울에 있는 나로 있다.

하늘 속에 땅이 있어 땅 속에 하늘이 있다.
하늘은 땅을 이루고 땅은 하늘을 이룬다.
하늘은 땅으로 열려 있고 땅은 하늘로 열려 있다.

나의 하늘을 만나면 나의 온울을 만난다

7

온울은 있음과 없음이다.

나타남이며 사라짐이다.

온울(우주)로 있음과 없음이 있다.

온울은 있음의 처음이며 없음의 처음이다.
있음의 마지막이며 없음의 마지막이다.
온울이 있음이며 있음이 없음의 온울이다.
온울은 참의 있음이며 없음이다.

나타남이 있으며 사라짐이 있다.
태여남이 있으며 없어짐이 있다.
나타남과 사라짐이 온울의 처음이며 마지막이다.
움직임이 있으며 멈춤이 있다.

빛이 있고 어둠이 있다.
빛이 나타나고 어둠이 열린다.
빛이 사라지면 어둠도 사라진다.
밝음의 처음은 어둠의 처음이다.
빛의 마지막은 어둠의 마지막이다.
빛과 어둠은 참의 있음이며 온울의 있음이다.
온울(우주)에서 빛은 빛이 되고 어둠은 어둠이 된다.

온울(우주)로 처음이 있고 마지막이 있다.
처음이 열리고 마지막이 닫힌다.
온울의 처음은 온울의 마지막을 열어둔다.
처음은 움직임이며 마지막은 멈춤이다.
온울로 움직임이 열리고 마지막에 멈춤이 온다.
처음은 마지막과 하나로 있다.

열림이 있으며 닫힘이 있다.
목숨이 열리고 목숨이 사라진다.
울이 나타나고 울이 사라진다.
때가 열리고 때가 닫힘이다.
있음이 열리고 있음이 사라진다.
누리가 열리고 누리가 닫힘이다.

삶이 있으며 죽음이 있다.
목숨의 처음이 열리고 목숨의 마지막이 닫힌다.
삶의 열림이며 삶의 닫힘이다.
나의 태어남이며 나의 사라짐이다.
마음이 열림이며 마음이 없어짐이다.

온울(우주)의 때와 울은 누리의 열림과 닫힘이다.
온울을 이루는 누리는 있음과 목숨으로 열리는
때와 울이다.
있음과 목숨이 열리는 때와 울은 누리의 있음과 없음이다.
온울이 열어주는 누리의 목숨이 때와 울이다.

온울(우주)의 있음으로 끝없음(무한)을 보여준다.
있음은 끝없음을 열고 끝없음 속으로 사라진다.
울이 열림으로 끝없음이 있으니
끝없음에서 열린 울이 끝없음을 보여준다.
끝있음으로 열린 울이 끝없음을 새겨준다.
끝없음에서 열린 온울은 끝없음을 열어준다.

온울(우주)이 없음으로 때없음(영원)을 열어준다.
없음은 때없음과 하나로 없음에서 때없음이 드러난다.
없음이 없어 때없음도 없다.
있음으로 없음이 열리며 없음도 없어지는 때없음이 드러난다.
때없음에서 열린 때가 때없음을 가리킨다.
때없음에서 열린 온울은 때없음을 알려준다.

때와 울이 때없음(영원) 끝없음(무한)이다.
없음의 때없음 끝없음은 때와 울로 열려 때없음 끝없음이
된다.
때와 울로 때없음과 끝없음이 열리며
때와 울은 때없음 끝없음과 하나로 열려 있다.

온울(우주)은 빈울로 열려 있는 끝없는(무한) 때와 울이다.
빈울은 온울의 때와 울로 끝없음과 때없음(영원)에 닿아 있다.
온울의 때울에서 때없음 끝없음이 열려있다.
빈울은 때와 울이 끝없이 들어 있고 숨어 있는
온울의 때와 울의 끝없음이다.

온울(우주)로 빈울이 있다.
온울의 있음과 없음의 누리로 빈울이 열려있다.
있음으로 빈울이 있다.
없음으로 빈울이 있다.
온울의 빈울은 끝없음(무한)으로 때없음(영원)에 닿아
하나로 사라진다.
빈울은 온울의 있음과 없음이니
온울의 있음과 없음이 빈울로 열려 있다.

빈울의 열림은 있음이다.
없음의 열림이 있음이며 열림으로 없음이 있다.
있음으로 없음이 열린다.
열림이 빈울의 있음이며 빈은 온울(우주)의 빈으로 열림이다.
온울의 열림은 없음의 열림이다.
없음은 끝없음(무한)과 때없음(영원)에 열려 있다.
없음으로 열린 있음의 빈울이다.

빈울은 있음이며 없음이다.
열림으로 있음이며 닫힘으로 없음이다.
있음과 없음이 하나로 열려 있다.
때와 울과 때없음(영원) 끝없음(무한)이 함께 열려 있다.
때와 울은 있음으로 열려 있고
때없음 끝없음은 없음으로 열려 있다.

있음은 빈울로 열려 있다.
온울(우주)의 있음이 빈울에서 나타나고 빈울로 사라진다.
있음은 빈울 때문에 이루어지는 빈울의 모습이다.
온울의 모습은 빈울의 모습이다.
빈울의 있음으로 있음이 있다.

빈울은 있음으로 있다. 온울(우주)의 빈울은 있음으로 열린다.
끝없는(무한) 온울의 있음이 빈울 속에 열려 있다.
빈울이 있음으로 열려 드러나지 않는 끝없는 있음은
빈울 속에 있다.
온울은 있음에서 보이는 빈울로 열려 있다.

빈울은 온울(우주) 참의 열림이다.
빈울이 참으로 열리고 참을 보여준다.
참이 빈울로 열리고 빈울을 보여준다.
빈울이 참이며 열림이 참이다.
참이 빈울의 있음으로 열려 있다.
열림이 참을 알려주고 빈울이 참을 보여준다.
온울의 있음과 목숨은 빈울 속에서 빈울의 참을 알게 된다.
참이 열림이며 참이 빈울이다.

빈울로 별이 있다.
별은 빈울이 이룬 있음이다.
별의 있음과 모습은 빈울이 만든다.
빈울은 별로 나타나고 별은 빈울로 돌아가는 빈울의 별이다.
온울의 빈울은 별이다. 끝없는 별들의 있음이며 없음이다.
빈울 속에 있는 별은 빈울이며
빈울이 이루는 별의 모습은 빈울의 모습이다.

별에 빈울이 들어 있고
빈울에 별이 들어 있다.

별 속에는 빈울이 열려 있고 빈울 속에는 별이 열려 있다.
온울(우주)은 빈울과 별이 모두 하나로 열려 있다.
별은 보여도 빈울은 보이지 않는다.
별에서 나온 있음과 목숨은 별의 누리로 열려 있다.

빈울은 끝없는(무한) 별이다.
빈울 속에는 보이지 않는 새로 태어날 별들이 끝없이
들어있다.
빈울은 별의 끝없음이다.
온울의 끝없음이 빈울 속에 있다.
빈울은 끊임없이 별이 되는 별이다.
끝없는 별의 온누리가 빈울 속에 들어 있다.
있음과 목숨의 온누리가 빈울 속에 들어 있다.

때와 울에서 때울은 끝없이(무한) 열린다.
때울은 때없음(영원)과 끝없음(무한)을 이루고 있다.
온울은 빈울로 열려 빈울은 별의 누리로 끝없이 열린다.
누리에서 열리고 때와 울은 이어지고 겹치며 열린다.
때와 울이 때와 울로 열리고, 누리가 누리로 열린다.
끊임없이 열리는 누리는 끊임없이 사라지는 때와 울과 하나로 사라지고 열리기를 거듭한다.

온울(우주)의 삶이 빈울로 열린다.
빈울은 온울의 끝없는 삶으로
빈울은 별이 되고 별은 빈울이 되며
끊임없이 나타나고 사라지는 이룸이다.
온울의 끝없는 이룸이 빈울로 열려 있다.
빈울에서 별들이 끊임없이 태어나고 사라지며 온울을
살고 있다.

별이 온울(우주)의 참으로 나타난다.
빈울이 별의 있음과 목숨으로 나타난다.
별의 있음으로 있음이 나타나고 별의 목숨으로 목숨이
나타난다.
별의 모습으로 모습이 나타난다.
때없는 목숨이 별로 태어나고 끝없는 있음이 별로 나타난다.
별은 온울의 참으로 목숨의 있음을 보여준다.

빈울과 별은 온울(우주)의 길이니
빈울은 온울의 바탕과 뿌리를 알려준다.
온울은 빈울로 때없고(영원) 끝없는(무한) 참온과 한온을
가리킨다. 별은 온울의 열림과 사라짐을 보여준다.
때울의 나타남과 사라짐을 새겨준다.
별이 온울의 있음을 열고 온울의 없음을 열어준다.

빈울로 있음이 열려 빈울의 있음이 보인다.
빈울이 있음을 이루고 있음을 바라본다.
빈울과 빈울의 있음을 안다.
빈울이 별이 되고 땅이 되어 빈울을 바라본다.
별과 땅의 나가 하늘에서 열린다.
빈울의 온나가 뫼들물(자연)의 있음과 목숨의 나로
빈울을 깨닫는다. 온울(우주)이 빈울로 온누리를 보고 있다.

별의 나로 빈울이 열린다. 나의 빈울이 열린다.
빈울의 나로 별이 열려 있다. 별이 빈울의 나를 이루고 있다.
별은 빈울로 살며 빈울은 별로 살고 있다.
빈울과 별의 삶이 온울(우주)을 이루고 있다.
빈울과 별은 하나가 둘로 열려
둘이 하나가 됨으로 온울을 이룬다.

온울(우주)의 마음이 빈울로 열려 있다.
빈울은 보이지 않는 있음으로, 보이지 않는 마음이며,
빈울의 빈은 온나의 빈이다. 빈울 있음은 마음을 이루고 있다.
별과 땅이 된 빈울이 별과 땅의 속에 빈으로 하나가 되어
온누리의 있음과 목숨에 마음의 빈으로 열려 있다.

빈울은 별로 빛나고 있다. 빈울이 별로 살고 있다.
별은 빈울로 빛나고 있다. 별은 빈울을 살고 있다.
별은 빈울을 밝혀주고 빈울은 별을 빛내 준다.
빈울의 나는 별이며 별의 나는 빈울이다.
빈울의 마음은 별이다. 별의 마음은 빈울이다.
빈울은 별을 보고 별은 빈울을 본다.
서로를 바라보며 온울(우주)의 온나를 이루고 있다.
빈울은 별의 마음이 되고 별은 빈울의 마음이 된다.

빈울은 있음으로 참을 보여주고 목숨에게 뜻을 열어준다.
빈울 속에서 나타나는 있음의 열림과 사라짐과 모습은
참의 드러남으로 온울의 길을 새겨준다.
온울은 빈울로 끝없는 뜻을 연다.

보이는 것은 보이지 않는 있음의 모습이다.
빛은 어둠의 있음이며 어둠은 맑음의 모습이다.
별은 빈울의 모습이고 온울(우주)은 빈온의 모습이다.
참온의 모습이며 한온의 모습이다. 나타난 있음은
나타나지 않는 있음으로 보이는 모습은 빈울의 모습이다.

해가 빈울을 비추면 빈울이 해를 보여준다.
빛이 어둠을 비추면 어둠은 빛을 밝혀준다.
해로 빈울이 열리며 빛으로 어둠이 열린다.
있음으로 없음이 열린다.

땅에는 달이 있다.

달에는 땅이 있다.
땅의 달이 되어 달의 땅이 된다.

하늘에 별이 있어 땅에 꽃이 있다.
빈울에는 별이 열리고 땅의 흙에 꽃이 핀다.
온울있음이 별이 되어 마음은 꽃에 있다.
별은 참으로 빛나고 꽃은 마음으로 아름답다.

하늘이 바다가 되어 바다는 하늘이 된다.
빛은 물이 되고 물은 하늘에 구름이 된다.
하늘은 바다에 내려왔다가 하늘로 돌아간다.

반짝이는 별빛은 온울(우주)의 마음이다.
별은 온울의 목숨으로 반짝이고 있다.
별이 있음과 목숨으로 마음의 빛을 연다.
별빛이 마음의 빛이 된다.
반짝이는 별과 별빛을 바라보는 마음이 하나의 마음으로
닿아 있다.

별의 길이 온울(우주)의 길이다.
온울의 길이 별로 열린다.
빈울에서 나타났다 빈울로 돌아가는 별이
온울의 길을 보여준다.
별의 길은 나의 길이니
끊임없이 뫼들물(자연)속에서 나타나고 사라지는 나는
별의 길 속에 있다.

별의 삶은 뫼들물(자연)이니 뫼들물에 별의 삶이 들어있다.
뫼들물로 온누리가 있어 별이 뫼들물이며
별과 뫼들물은 하나의 삶이다.
하나의 삶은 하나됨으로 열려 있다.
땅의 온누리 뫼들물은 땅의 삶으로 땅의 길로 열려 있는
하나의 목숨이다.

빛이 물이 되어 삶이 된다.
빈울이 비가 되어 내리고 어둠이 빛이 되어 삶이 된다.
끝없이 비어있는 어둠이 나가 되어 살고 있다.
물은 온울의 목숨에서 나와 목숨으로 흐르고 있다.

땅은 나의 마음이다.
땅의 목숨이 땅 위의 뫼들물(자연)을 이루고
뫼들물은 끝없는 목숨으로 목숨의 마음은 땅의 마음이다.
땅의 목숨과 마음이 나를 이루고 있다.
있음과 목숨의 마음은 땅에서 열리는 땅의 마음이다.

별의 모습이 별의 삶이다. 있음의 삶을 이룬 별의 모습이다.
별의 참은 별의 있음이니 있음의 모습은 삶의 이룸이다.
삶은 마음으로 열려 있다.
별의 모습에는 삶의 마음이 들어있다.
별의 삶이 별의 모습을 이루고 있다.

땅은 뫼들물(자연)의 삶이다. 땅의 이룸이 뫼들물이다.
빈울의 뫼들물이 땅이며 땅의 뫼들물은 빈울의 뫼들물이다.
뫼들물은 땅과 빈울이 하나로 이룬 삶이다.
뫼들물에는 땅이 들어 있고 빈울이 숨쉬고 있다.
뫼들물의 삶은 땅의 삶이다.

꽃들은 하늘의 별을 따라 피어난다.
하늘에는 별이 있고 땅 위에는 꽃이 있다.
별들은 빈울의 삶을 살고 꽃들은 땅의 삶을 산다.
하늘의 별들은 꽃처럼 살고 있다.
때없음(영원)과 끝없음(무한)이 꽃에 머문다.
때와 울이 별이 되고 꽃이 되었다.

짙푸른 늪이 햇빛을 듬뿍 머금는다.
늪에는 작은 온울이 열려 있다.
온울이 늪 속에 내려와 있다.
작은 늪일수록 목숨들이 가득하다.
늪의 아름다움에 햇빛을 가득 채웠다.
작은 늪에 풀숲과 꽃들이 놀랄까봐
바람이 솔솔 살금살금 지나간다.

키 큰 나무들은 하늘 위로 치솟으며
푸른 잎이 무거운 가지들은 서로 햇빛을 더 받으려 버틴다.
가만히 서 있는 나무들도 어느새 한나절이 지나
설핏 해질녘에 목이 마르다.
땅도 목이 마른데 하늘에는 뭉게구름들 만 떠다닌다.

땅이 뫼들물(자연) 모든 목숨들을 잔뜩 부등켜 안고 있다.
하나라도 잘못되거나 처질까봐 있는 대로 품을 벌리고 있다.
추우면 추울까봐 더우면 더울까봐 끙끙 애가 탄다.
바람은 부채질을 하고 목이 마를까 비를 뿌려 준다.
물을 퍼나른 구름들도 조금은 가벼운 걸음으로 지나간다.

온울(우주)의 열림은 사랑의 열림이다.

보이지 않는 사랑이 마음으로 열려 있다.
목숨이 사랑으로 열리고 있음이 사랑으로 이루어진다.
온누리가 켜켜이 쌓인 사랑으로 열려 있다.

온울(우주)의 마음이 땅으로 열린다.
땅의 마음이 흙이 되어 끊임없이 목숨으로 태어난다.
뫼들물(자연)이 되고 마음이 된다.
아주 오래되고 오래된 땅의 마음으로 뫼들물이 열려 있다.
땅의 마음은 온울의 마음이다.

온울(우주)은 땅에서 만나고 땅은 온울에서 보인다.
온울의 앎이 땅에 있고 땅의 앎이 온울에 있다.
빈울은 온울의 삶숨이며 하늘은 온울의 마음이다.
땅에서 온울의 마음을 만나 얼을 깨닫는다.
온울에서 보이는 땅의 마음을 온울이 열고 있다.

땅의 하나됨에 온울(우주)이 다가온다.
땅이 하늘을 열어주고 빈울 속으로 들어간다.
온누리의 있음과 목숨 속을 빈울이 채우고
마음으로 온울에 하나 된다.
있음과 목숨의 마음이 빈울에 하나 되어 온울을 이루고 있다.
땅의 마음이 온울에 하나 된다.

별의 있음은 나의 삶이다.
별은 온울(우주)의 나로 태어난다.
온나의 별로 태어난다. 온나의 있음으로 나타난다.
나의 있음을 별이 이룬다. 나의 마음을 별로 연다.
별이 온누리 있음과 목숨의 나로 열린다.
별의 나가 온누리 뫼들물의 나를 이룬다.
별은 나로 열린 나며 나를 연 나다.

별의 모습은 나의 모습이니 빈울 속에 나의 모습을
이루고 있다.
빈울의 나는 별로 태어난다.
별의 있음과 목숨이 나의 모습으로 나타난다.
온울(우주)의 나는 별이며 별의 모습이다.
별의 모습으로 나의 모습이 열린다.

나의 마음은 별의 마음이다.
마음이 있음은 별의 마음의 있음이다.
별에서 나온 나는 마음의 있음이다.
온울의 나는 별이 되어 나를 이루고 있다.
나의 마음은 별을 연 온울의 마음으로 온나의 이룸이다.

뫼들물(자연)은 나의 삶으로
온울의 온나가 이루어 준 나의 삶이다.
뫼들물은 나의 마음의 삶으로
나의 있음과 목숨이 이어지는 물결이다.
온나의 삶이 뫼들물이 되어 온누리에 펼쳐 있다.
뫼들물은 나의 삶이 오랜 때를 지나면서
쉼없이 차곡차곡 쌓아온 나의 모습이다.

뫼들물(자연)은 나를 새겨주는 온울(우주)이다.
뫼들물의 있음과 목숨으로 온울의 나의 모습을 보여주고
온울 마음의 삶을 알려준다.
뫼들물의 모습은 나의 모습이다.
나를 열고 나의 마음을 이루고 있다.
나는 뫼들물 속에 있고 뫼들물은 나 속에 있다.

뫼들물(자연) 속에 있는 모든 것은 뫼들물이다.
온울(우주)은 뫼들물로 이루어지는 뫼들물의 있음이며 삶이다.
있음과 목숨은 뫼들물 속에 있는 하나로 나만의 나는 없다.
저마다의 나는 모두 뫼들물로 열린 온울이다.
온울의 열림도 이룸도 뫼들물이다.

온울(우주)은 사람의 처음이다.
사람의 마지막이다.
사람은 온울에서 끝없이 나타나고 사라지는 목숨 가운데
하나다. 온울 속 작은 있음의 하나다.
온울은 사람의 모든 것이다.
사람의 처음은 온울이며 사람의 마지막도 온울이다.
온울의 사람이며 온울이 사람이다.

사람은 사람의 온울(우주)로 있다.

온울에 사람이 있음은
온울의 바탕과 뿌리 속에 사람의 나가 들어있기 때문이다.
온울 속의 사람의 누리로 사람이 있다.
사람의 바탕과 뿌리는 온울이다.
온울이 사람으로 와 있다.
온울이 사람을 이루고 있다.
온울의 사람으로 사람이 있다.
사람의 바탕과 뿌리는 온울이다.

사람의 처음은 사람이 아니다.
사람의 처음에는 사람이 없다.
뫼들물(자연)의 처음도 뫼들물이 아니며
온울(우주)의 처음도 알 수 없는 온울이다.
끝없이 바뀌며 오늘에 이르렀으며
앞날에도 끝없이 바뀌며 나갈 것이다.
이때 여기의 사람으로 처음의 사람과 앞날의 사람을 어림하며
먼 앞날에 있을지 모를 마지막의 사람을 가늠해 본다.

사람의 마지막도 사람이 아니다.
사람의 처음을 열어준 뫼들물이 사람의 마지막이 될 것이며
온울(우주)이 사람의 마지막일 것이다.
사람의 처음부터 마지막까지 사람은 뫼들물이며
온울일 뿐이다.

나타나는 사람이 모든 사람이 아니다.
아직 나타나지 않은 사람들이 끝없이 온울(우주) 속에
숨겨져 있다.
뫼들물(자연)은 사람의 옛날이며 앞날이다.
온울은 끝없는 뫼들물이며 사람이다.

땅에 사람이 있고 사람에 땅이 있다.
사람의 바탕은 온울(우주)이며 사람의 뿌리는 땅이다.
온울의 별인 땅의 사람으로 땅의 바탕과 뿌리 속에
사람이 있다.
땅 위의 뫼들물에도 땅의 바탕과 뿌리가 뚜렷이 새겨져 있다.
땅과 뫼들물(자연)에는 사람의 이룸이 가득 들어있다.

사람은 온울(우주)의 나 땅의 나로 열려 있다.
사람의 마음은 온울의 온나인 땅의 나에서 열렸다.
온울의 목숨과 마음이 땅으로 열리고 사람에게로 열려 있다.
사람의 나로 온울의 온나의 누리를 새기며
사람의 마음으로 땅과 뫼들물(자연)의 마음을 어림해야 된다.

사람의 앞날은 사람의 마음에 달려 있다.
사람의 참이 어디에 있는가를 잘 알아야 된다.
온울이 사람의 참을 열었음으로
사람의 길도 온울(우주) 속에 있다.
참은 마음처럼 보이지 않지만 온누리와 나를 이루고 있다.

온울(우주)이 사람을 이루고 있다.
사람이 온울을 이루고 있다.
온울이 사람으로 살고 있다.
사람이 온울을 살고 있다.
나는 온울의 사람으로 온울을 살고 있다.
스스로 온울이라는 것을 알면
온울의 참을 따라 온울의 길을 갈 수 있다.
온울은 나의 삶으로 살고 있다.

온누리는 나의 길이다.

나의 모든 길이 온누리 속에 있다.
온누리가 나의 길을 보여주며 알려준다.
나는 온누리로 있고 온누리는 나로 있다.
온누리의 흐름 속에 내가 있다.
온누리는 나가 이루는 길이다.
뫼들물(자연)의 모든 나가 이루고 있는 나의 길이다.

나는 온누리의 이룸이다.
나는 온누리로 숨쉬며 온누리의 삶을 살고 있어
누리와 나는 하나로 살고 있는 하나다.
온누리는 나의 이룸으로 나의 삶이다.
나와 하나로 열려있는 온누리는 온울(우주)이 열고 있는
온울이다.
나의 온누리는 온울의 이룸이다.

온울(우주)이 끝없는(무한) 사람이며 때없는(영원) 사람이다.
사람은 온울을 사는 온울이다.
사람의 처음도 온울이며 마지막도 온울이다.
온울은 열려 있는 사람이다.
옛날이나 앞날에도 사람의 나타남과 사라짐으로 열려 있다.
온울은 끝없는 사람으로 끝없는 길이다.
온울은 사람을 사는 사람이다.
사람은 살아 있는 온울이다. 마음으로 살아가는 온울이다.

앎은 온울(우주)을 앎이며 모름은 온울을 모름이다.
앎은 온울로 열린 온울의 앎이다.
모름은 나를 모르고 앎을 모르며 온울을 모름이다.
온울누리를 벗어난 모름은 모름이다.
온울은 사람의 끝없는(무한) 앎으로 앎은 온울과 하나되며
모름은 온울로부터 떨어지게 된다.
알 수 있음은 나의 누리며 나의 누리 밖은 알 수 없다.

앎은 끝없이(무한) 온울(우주)의 참을 깨우쳐준다.
앎을 앎으로 온울을 알 수 있다. 앎은 온울로 열려 있다.
참은 앎으로 열리고 앎으로 이룩된다.
앎은 끝없이 온울의 앎으로 열리며 온누리의 뫼들물을 연다.
참과 하나로 열린 온울의 앎은 끊임없이 이룸으로
뻗어 나간다.

하늘에 하나될 때 땅이 다가온다.
땅에 하나 되면 하늘이 가까이 열린다.
땅에서 하늘이 열리고 하늘로 땅이 열린다.
하늘과 땅이 열려 내가 열린다.
내가 열리면 하늘과 땅에 다가간다.
하늘이 열릴 때마다 땅이 다가서고
땅이 열릴 때마다 하늘은 가까워진다.
나는 하늘과 땅에 하나됨으로 온울에 한걸음 한걸음씩
다가선다.

온울(우주)은 나의 있음으로 있다.
나가 있어 온울이 있다. 나와 하나로 있다.
온울은 나의 열림이며 있음이다.
나의 있음으로 온울이 있고, 나가 없으면 온울이 없다.
나의 온울은 하나의 있음이며, 온울의 나는 하나의 나다.
온울과 나는 하나의 나며, 하나의 있음이며 목숨이다.

삶은 있음이며 없음이다. 있음으로 있으며 없음으로 없다.
나는 있음이며 없음이다.
목숨도 마음도 있음이며 없음이다.
온울(우주)도 있음이며 없음이고, 참도 있음이며 없음이다.

참온과 한온도 있음이며 없음이다.
있음으로 참온과 한온이 있고 없음으로 참온과 한온도 없다.
때없음(영원)과 끝없음(무한)도 있음으로 있고 없음으로 없다.

온울(우주)은 끝없는(무한) 참의 글이다.
늘 바뀌며 새로워지는 참이 살아 숨쉬는 글이다.

온누리는 나의 길이다 317

온울(우주)은 때없는(영원) 나의 글이다.
나로 쓰고 나로 읽는 나의 글이다.
온울은 끝없이(무한) 쓰여졌다 사라지는 글이며
때없이(영원) 나를 쓰고 없어지는 나의 글이다.

나를 아는 길은 온울(우주) 뿐이다.
앎이 닿을 수 있는 누리가 온울로
온울은 앎의 처음이며 끝이다.
온울은 나의 처음이며 마지막으로,
길의 처음이며 끝이고, 삶의 처음이며 마지막이다.
나는 온울로 열리고 온울로 있는 온울이다.

나의 참은 목숨이니

목숨의 바탕과 뿌리 위에 나는 열려 있다.
나를 앎은 목숨을 앎이며 목숨의 온울(우주)을 앎이다.
참과 목숨과 나는 하나로 참은 온울의 목숨과 나로 열렸다.

온울은 살아 있음으로 있다.
목숨의 있음으로 삶으로 열린 온울은 삶의 참이다.
온울은 살아있는 나의 참이다.
나의 삶으로 열려 살고 있는 살아 숨쉬는 참이다.

참은 끝없는(무한) 앎이며 때없는(영원) 알 수 없음이다.
참은 끝없음과 때없음의 있음으로
때없음을 앎이며 끝없음을 앎이다.
참의 깨우침은 끝없음과 때없음으로 열려 있다.
나의 울은 끝이 있다.
그러나 참의 누리는 끝이 없다.
나는 때가 있다.
그러나 참의 누리는 때없음이다.

온울(우주) 속에 나의 온울이 있으며 온울 밖에 나의
온울이 있다.
온울 속에 끝없는(무한) 온울이 있다.
온울 밖에 때없는(영원) 온울이 있다.
온울 속에 끝없는 나의 온울이 열려 있다.
온울 속에는 누리의 온울이 열려 있고
온울 밖에는 누리 밖의 온울이 열려 있다.

나는 온울(우주)의 마음이며 온울은 나의 마음이다.
나의 있음은 온나의 있음으로
나의 마음이 있음은 온울의 마음이 있음이다.
나의 있음이 온울이니 마음도 온울이다.
나의 몸이 땅에 있으니 마음도 땅에 있다.
온울로 있는 나는 온울이며, 온울로 열린 마음은
온울 마음이다.

온나는 있음으로 온울(우주)의 있음과 목숨이 온나다.
나의 바탕과 뿌리인 온나는
온울의 누리로 빛과 어둠이며 열림과 닫힘이다.
움직임이 나며 사라짐의 나다.
처음의 나는 나가 없는 나며 나가 아닌 나다.
나가 이루어지지 않은 나다.

있음의 처음이며 목숨의 처음으로
나는 있음과 목숨의 처음을 여는 참이다.
있음과 목숨과 나는 하나로 열린다.
온울(우주)의 열림은 참의 열림으로
나의 있음과 목숨으로 나타난다.

참의 나로 깨어난다.
참이 나로 없음에서 떠오른다.
어둠에서 열리는 빛이니 참은 어둠이며 빛이다.
나가 참으로 깨어나 처음의 나로 열린다.
보이지 않는 나는 보이는 나로 열리고
알 수 없는 참은 앎의 누리를 연다.

온울(우주)은 온나 속에 나를 알려준다.
온울은 나의 목숨으로 알려주며 마음으로 보여 준다.
나의 있음으로 보여주며 나의 삶으로 깨우쳐 준다.
나의 눈으로 나를 보여주고 가슴을 열어 새겨준다.
온누리의 나를 이루고 있는 온나는 온누리로 가르쳐준다.
나의 처음을 처음의 나로 보여준다.

온울(우주)에 나가 하나될 때 온나의 나는 하나된다.
온울은 있음의 모습으로 목숨의 삶과 죽음으로
그리고 마음으로 언제나 하나됨의 길을 말하고 있다.
있음도 하나됨이며 삶도 하나됨이며 마음도 하나로 열려
있음을 가르쳐준다.

온울(우주)은 다른 나, 새로운 나로 끝없이 열려 있다.
온울이 끝이 없듯이 온울 속의 나도 끝이 없다.
나만의 나는 없다.
끝없는 나, 바뀌는 나 속에 나는 있다.
새로운 온울이 때없음(영원)과 끝없음(무한) 속에 열려 있다.

나의 때없음(영원)과 끝없음(무한)은 온울(우주)에 있다.
온울이 여는 때없음과 끝없음으로 나는 열려 있다.
때와 울은 때없음 끝없음과 하나로,
울은 끝없음이며 때는 때없음이다.
끝없음은 울로 열리고 울과 함께 사라지며,
때없음은 때로 나타났다 때와 함께 없어진다.
온울의 때와 울은 나의 때와 울이다.

나는 앎의 열림이며

앎은 나의 이룸이다.
열림이 앎이며 있음이다.
나는 앎의 힘이며 앎은 나의 힘이다.
힘은 온울의 있음이며 목숨이다.
때와 울을 여는 때없음 끝없음이다.
나의 앎의 이룸이 목숨과 있음이다.

앎의 이룸은 삶이니 나의 삶과 앎은 하나로 열린다.
나는 온울(우주)의 목숨과 있음을 이루는 삶이며
앎의 삶은 온울을 이루는 온울의 삶이다.
나는 앎이며 앎은 삶이다.

있음과 목숨들이 온울(우주)을 깨달음은 끝이 없다.
온울의 열림과 바뀜과 이룸이 끝이 없어
온울의 앎도 나의 앎도 끝이 없다.
나의 삶의 앎은 움직이며
앞으로 뻗어 나가는 뿌리의 바탕에 따라 바뀌며
있음과 목숨을 이어간다.

앎의 목마름은 온울(우주)의 목마름이니
나의 앎에 목마름은 온울의 앎의 목마름이다.
하나의 목숨과 있음의 목마름이다.
온울의 있음과 목숨은 끝없는(무한) 앎의 길 위에 있다.

목숨으로 삶의 목마름이 열려 있다.
목숨은 나의 목마름을 열고 있다. 나는 마음으로 살고 있는
마음의 있음으로 목숨은 끝없는(무한) 삶의 바람으로 열려
있다. 목숨의 목마름은 참의 목마름이며 온울을 이룬 삶의
목마름이다.

사람의 물음은 뫼들물(자연)의 물음이다.
온울(우주)을 이루는 앎의 물음이다.
참온에 이르려는 있음의 물음이며 한온을 열려는 목숨의
물음이다.
때없음(영원)과 끝없음(무한)에 닿으려는 때와 울의 물음이다.
뫼들물의 물음은 삶의 물음이다.

앎은 끝이 있으나 모름은 끝이 없다.
앎이 넓어지면 모름은 더욱 깊어지며 앎이 깊어지면 모름은
더욱 넓어진다. 앎과 모름은 언제나 함께 있으며
앎은 때와 울로 있고 모름은 때없음(영원) 끝없음(무한)으로
있다. 앎의 빛은 끝없는 알 수 없음의 어둠을 비추고 있다.

앎이 열리면 모름이 열리고, 모름이 열림으로 앎이 열린다.
빛이 열림으로 어둠이 있고, 있음이 있어 없음이 있다.
앎으로 알 수 없음이 있다.
앎과 모름은 빛과 어둠과도 같다.

나는 앎으로 열려 있고 모름으로 열려 있다.
앎은 모름으로 열려 있고 모름은 앎으로 열려 있다.
나의 누리는 작은 앎의 빛일 뿐이며 끝없는(무한)
온울(우주)은 작은 뫼들물(자연)로 나타난 나의 앎으로
조금 보일 뿐이다.

온누리 마음이 빈울로 하나다.
온누리 있음과 목숨의 마음이 빈울로 하나가 된다.
있음과 목숨은 빈울로 열려 빈울로 채워진다.
온울(우주)의 빈울은 온나로 열린 마음이다.
마음의 누리는 빈으로 열려 빈울과 하나다.

온나는 빈울에서 끝없이(무한) 열린다.
빈울이 마음을 열고 마음 속 빈울이 되어 나의 빈누리를
연다. 빈울이 별이 되어 별 속에 별 밖의 뫼들물(자연)
속에도 나의 빈으로 열려 있다. 온나의 빈울은 있음과 목숨을
이루는 온울(우주)의 이룸으로 나타난다.

빈울은 끝없는(무한) 마음이며 때없는(영원)
마음으로 빈울 속에는 끝없는 별이 숨어 있어 온나의 끝없는
마음이 있다. 보이지 않는 나는 보이지 않는 빈의 빈울 속에
때없는 마음이다.

빈의 마음은 비움으로 빌음으로 된다.
빈울은 마음의 비움으로 열리고 마음의 빈을 이룬다.
마음의 빈은 빈울에 하나 되어 온울(우주)에 하나 된다.
하나됨으로 빌음의 삶을 연다.
마음의 빈은 비움으로 열리고 빌음에 이르른다.

나는 앎의 열림이며

온울(우주)은
나의 울을 보여준다.

나로 열려 이루는 있음의 울을 보고 나의 울을 깨닫는다.
나의 울을 앎으로 온울이 보이게 된다.
나에게 보이는 온울은 온나로 알게 된다.

빈울은 보이지 않는 참이다.
참은 보이지 않는 빈울로 열려 있다. 빈울은 온울(우주)의
보이지 않는 있음으로 참은 보이나 보이지 않는다.
참은 앎으로 열려 있지만 알 수 없다.
보이지 않는 빈울은 참을 이루지만 참의 바탕과 뿌리는
알 수 없다.

빈울은 참온과 한온의 모습으로
온울(우주)을 연 참온과 한온의 누리를 보여준다.
온울의 있음과 목숨을 연 참온과 한온으로 빈울이 열려 있다.
온울의 열림으로 참온과 한온이 열리며
온울의 사라짐으로 함께 사라진다.

빈울은 온울(우주)의 하나됨이니
온울의 모든 있음과 목숨은 빈울 속에 하나로 열려 있다.
빈울이 온울의 하나됨을 이루고 있다.
한있음 한목숨으로 온울은 빈울로 하나다.
온울은 빈울을 열고 온누리를 하나로 살고 있다.

빈울은 때없는(영원) 뜻이 되어 비움의 길을 열어준다.
있음과 목숨의 마음 속에 온울의 때없는 뜻을 새겨준다.
온울(우주)의 때없음과 끝없음(무한)으로 열려
알 수 없고 볼 수 없는 누리를 가리킨다.

나를 비울 때 온누리가 다가와 뫼들물(자연)의 나가 열린다.
나를 열면 온누리가 가까워지고
비우면 뫼들물의 마음이 하나가 된다.
뫼들물은 언제나 마음으로 열려 있다.

마음의 울 밖에 하늘과 땅이 있다.
마음으로 하늘과 땅이 가려져 하늘과 땅의 얼굴이 열리지
않는다.
나의 하늘과 땅이 아닌 하늘의 하늘이 땅의 땅이 보이지
않는다.

하늘의 나는 하늘의 얼이며 땅의 몸은 땅의 마음이다.
하늘의 나는 땅의 마음으로 이룩된다.
온나에 열려 있는 얼이 마음의 삶으로 이루어진다.

나를 떠날 때 비로소 나를 만난다.
마지막에 참나는 내 앞에 나타난다.
마지막 때에야 나는 비로소 내 삶을 마주한다.
나를 만나 내 삶을 마주할 때 나는 나와 헤어진다.

삶의 마지막에 나의 참을 깨닫는다.
나로 열리고 닫히는 누리와 마주치고 왔으니
돌아가야 하는 삶과 헤어져야 한다.
내가 이룬 목숨의 있음을 되돌아 본다.
비로서 참을 어렴풋이 알 때 나의 빛은 어둠으로 돌아간다.

나의 누리 밖에 많은 다른 누리가 열려 있다.
있음과 목숨의 무리들마다 저마다의 누리를 이루고 있다.
다른 누리는 다른 나를 이루게 된다.
있음과 목숨의 무리마다 저마다의 누리가 있다.
뫼들물(자연)은 끝없이(무한) 많은 다른 삶의 누리로
열려 있다.
나의 누리는 저마다의 누리로 열리며
뫼들물(자연)과 온울(우주)을 이루고 있다.

열림인 나를 앎으로 나의 막힘도 알게 된다.
나의 밝음의 누리로 나 밖의 어둠의 누리를 보게 된다.
나를 앎으로 나의 빛과 어둠을 가늠하게 되며
나의 끝있음(유한)에서 나 밖의 끝없음(무한)을 열 수 있게
된다.
나의 열림은 끝이 있고 나의 막힘은 끝이 없다.

참은 만들어지지 않는다.

누구라도 무엇이라도 참은 만들지 못한다.
참은 지어낼 수 없다.
참으로 이룬 모든 것은 참 속에서 참이 나타났을 뿐이다.
참이 참으로 참을 찾아내고 넓혀 나갈 뿐이다.

온울(우주)의 참은 있음이며
목숨으로 열림과 나타남은 있음의 이룸이다.
온울 있음의 이룸은 목숨의 삶이다.
없음을 열고 있음을 이룸이 참이며
목숨으로 태어나고 삶을 이룸이 눈부신 참이다.

참은 삶으로 열려 있으니 삶에서 참을 만날 수 있고,
마음으로 참을 알 수 있다.
온누리에 참이 없는 삶은 없다.
삶은 나의 이룸이며 참의 이룸이다.
삶이 없는 참은 없다.
모든 있음과 목숨이 참의 삶이다.
참은 목숨의 삶으로 열린 삶이다.
온울(우주)의 있음이 삶의 있음이다.

때없음(영원)과 끝없음(무한)으로 참은 가늠된다.
때없음 끝없음이 나의 참을 보여주고 알려준다.
참은 끝없음에서 다름이 없다.
참은 때없음에서 바뀜이 없다.
때없음과 끝없음 속에 참은 살아있다.

참의 없음에서 참의 있음을 깨닫는다.
참의 없음을 보고 참의 있음을 본다.
나의 있음으로 참이 있고 나의 없음으로 참이 없다.
나는 참과 하나다.
참으로 나타났다가 참과 함께 사라진다.
참 없는 누리가 참을 열어주고 참 있는 누리는
참을 보여준다.

때없음(영원) 끝없음(무한)은 그지없는 어둠의 고요다.
때없음 끝없음은 있음이며 없음이다.
그지없는 어둠의 고요는 있음의 마음이다.
있음의 때없음 끝없음이다.
때없음에는 때없음이 없다. 끝없음에는 끝없음이 없다.
어둠도 고요도 없다.
빛과 어둠은 나의 있음이다.
때없음 끝없음은 나의 있음으로
나의 없음이 때없음 끝없음이다.

맑음의 고요는 참의 숨이다. 참이 열려 참의 숨이다.
참이 빈울의 끝없는(무한) 맑음으로 열려 있다.
맑음에 참이 머물고 고요는 참의 마음이다.
맑음의 고요는 온울(우주)얼이다.

참은 목숨으로 나타나 있음을 이루고 사라지는 목숨이다.
참이 없는 목숨이 없고 목숨이 아닌 참이 없다.

온울(우주)의 어둠속에 빛이 고요히 잠들어 있는 빈울은
기다림이다.
기다림은 비움이다. 있음과 목숨의 비움은 빌음이다.

고요는 깨어있다.
온울(우주)의 삶숨으로 빈울이 열려있고 마음이 흐르고 있다.

그지없는 맑음은 어둠 속에 있어
맑음도 어둠도 온울(우주)의 빈울이다.
참의 있음이며 모습이다.
참이 맑음과 어둠을 연다.
맑음과 어둠이 참을 가리킨다.

참 있음의 참이다. 참 없음의 참이다.
참이 있음과 목숨으로 나타남이 참이며 이룸이 참이다.
목숨의 있음이 참으로 삶의 참이다.
참이 사라지고 없음이 참이다.
열린 참은 닫히고 나타난 것은 사라짐이 참이다.
있음의 참이며 없음의 참이다.

참은 빛과 어둠과 같아 있음이며 없음이다.
참으로 빛과 어둠이 열리고 빛과 어둠이 사라진다.
때와 울로 열리고 때없음(영원) 끝없음(무한)으로 사라진다.

빛의 있음은 어둠의 있음이다.

있음이 있음은 없음이 있음이다.
빛이 사라지면 어둠도 사라진다.
있음이 사라지면 없음도 사라진다.
나의 있음은 나의 없음이다.

빛은 맑음의 모습이다.
빛은 맑음의 있음이다.
어둠이 숨기고 있던 맑음의 모습이다.
고요의 맑음은 밝음으로 깨어난다.
맑음에서 빛의 밝음이 열린다.

빛은 어둠에 있다.
빛은 어둠에서 열리는 어둠이다.
빛의 참이 어둠 속에 있다.
빛의 참을 어둠이 보여준다.

어둠은 빛에 있다.
어둠은 빛으로 열리는 빛이다.
어둠의 참이 빛에 있다.
어둠은 빛으로 어둠을 드러낸다.

빛과 어둠은 하나로 어둠의 빛이며 빛의 어둠이다.
하나에서 열림과 닫힘이 있다.
참의 빛과 어둠이며 참은 하나의 온울(우주)이다.

온울(우주)을 거스를 있음과 목숨은 없다.
온울 속에 있는 있음과 목숨은 모두 온울의 때와 울로 있다.
참이 이룬 온울을 벗어날 있음과 목숨은 없다.
온누리는 온울 속에서 온울을 이루며 살고 있다.

나의 온울(우주)이 있으면 나 밖의 온울이 있다.
나의 온울은 끝이 있고 나 밖의 온울은 끝이 없다.
나에게 열린 온울 밖에 내가 닿을 수 없는 온울이 있다.

온울(우주)은 끝없는 마음으로 열려 있는 마음의 바다다.
끊임없이 나타나고 사라지는 목숨의 있음이 마음이다.
온울의 열린 빈울은
나타나고 사라지는 있음과 목숨의 끝없음(무한)이며
보이지 않는 나의 마음의 끝없음이다.

있음은 끝없음(무한)으로 사라진다.

끝없음에서 있음은 끝없음에 하나 된다.
끝없음으로 있음은 보이지 않는다.
끝없음에서 어떤 있음도 사라진다.
있음은 끝없음에서 나온 끝없음인 것을 보여준다.

없음은 때없음(영원)에서 없어진다.
있음이 사라진 없음은 때없음으로 없어진다.
끝없음(무한)은 때없음에 하나 되고 때없음마저 없어진다.
때없음 속에 때는 알아차릴 수 없다.

있음은 없음을 채울 수 없다.
끝있음(유한)이 있음이며 없음은 끝없음(무한)이다.
있음은 없음으로 있는 없음이며 없음은 있음으로 열린
있음이다. 없음에 있음이며 있음의 없음이다.

빛은 어둠을 모두 밝힐 수 없다.
빛은 어둠에서 나왔다가 어둠으로 돌아간다.
빛은 어둠에서 열린 어둠의 빛이다.
어둠은 빛으로 드러난 빛의 어둠이다.
빛은 어둠을 밝혀 빛을 채운다.
빛은 어둠을 열고 어둠을 보여준다.

온울(우주)은 바탕과 뿌리에서 나타난 바탕과 뿌리다.
온울로 바탕과 뿌리가 열리고
온울의 사라짐에 바탕과 뿌리는 없어진다.
온울의 있음이며 없음이다.

온울(우주)은 왜 온울인가?

나는 왜 나일까?
온울(우주)만이 알고 있다.
끝없는 많은 나가 있었고
끝없이 많은 나가 있으며 끝없이 많은 나가 열릴 것이다.
때없이(영원) 나가 나타나고 사라질 것이다.

온울(우주)은 왜 온울일까?
온울은 참으로 알려준다.

빈울은 왜 빈울인가?
온울(우주)의 길에 열려 있다.

온울(우주)의 물음은 끝없이(무한) 때없이(영원) 거듭된다.
물음에의 앎은 끝없이 열려 있어 때없이 이어진다.

있음은 끝없이(무한) 스스로를 묻는다.
목숨은 때없이(영원) 스스로를 찾는다.

온울은 끝없이 큼으로 끝없이 작다.
끝없이 작음으로 끝없이 크다.

나를 아는 만큼 내가 있다.

첫글집 찍은날	2025년 3월 2일
첫글집 펴낸날	2025년 3월 15일
지은이	이 해 (이 창 수)
펴낸이	이 창 수
펴낸곳	글 집 터
인 쇄	천지문화사
등 록	2024년 7월 9일 제 2024-000067 호
주 소	서울특별시 중구 동호로 17길 87
전 화	02-2254-0524 FAX 02-2235-6730
이메일	glzipteo@naver.com

ISBN 979-11-991360-0-7

값 28,000 원

이 책은 저작권법에 따라 보호받는 저작물이므로 무단 전재와 복제를 금지하며
책 내용의 일부를 이용하려면 저작권자의 동의를 받아야 합니다.